古典文獻研究輯刊

三四編

潘美月・杜潔祥 主編

第29冊

陳景雲《文選舉正》疏證
（第八冊）

范志新 著

國家圖書館出版品預行編目資料

陳景雲《文選舉正》疏證（第八冊）／范志新 著 -- 初版 --
新北市：花木蘭文化事業有限公司，2022〔民 111 〕
目 2+206 面；19×26 公分
（古典文獻研究輯刊 三四編；第 29 冊）
ISBN 978-986-518-884-9（精裝）
1.CST：文選舉正 2.CST：文選學 3.CST：文學評論
011.08   110022685

ISBN-978-986-518-884-9

古典文獻研究輯刊
三四編　第二九冊   ISBN：978-986-518-884-9

陳景雲《文選舉正》疏證（第八冊）

作　　　者　范志新
主　　　編　潘美月、杜潔祥
總 編 輯　杜潔祥
副總編輯　楊嘉樂
編輯主任　許郁翎
編　　　輯　張雅淋、潘玟靜、劉子瑄　美術編輯　陳逸婷
出　　　版　花木蘭文化事業有限公司
發 行 人　高小娟
聯絡地址　235 新北市中和區中安街七二號十三樓
　　　　　　電話：02-2923-1455 ／傳真：02-2923-1452
網　　　址　http://www.huamulan.tw 信箱 service@huamulans.com
印　　　刷　普羅文化出版廣告事業
初　　　版　2022 年 3 月
定　　　價　三四編 51 冊（精裝）台幣 130,000 元

陳景雲《文選舉正》疏證
（第八冊）

范志新　著

目次

文選卷四十一

答蘇武書一首　　李少卿

故陵不免得耳

【陳校】

「免得」二字，當乙。

【集說】

余氏《音義》曰：「得免」。善無「得」字。

孫氏《考異》曰：「不得免耳」，一本作「不免得耳」。六臣注：善本無「得」字。何云：「『不免得』，與上『不復得』應。疑是。」

許氏《筆記》曰：何云：「善本無得字」。嘉德案：茶陵本云：善無「得」字。

【疏證】

尤本作「不免」。五臣正德本、陳本、奎本以下諸六臣合注本皆作「不得免」，六臣合注本「得」下校云：善本無「得」字。謹案：《太平御覽》卷三百十一、《古今合璧事類備要》續集卷四十六「李陵答書」注並同尤本，《北堂書鈔》卷一百十八「天地為震怒」注同六臣合注本。尤本當出六臣合注本校語。毛本當從六臣合注本而誤倒，陳校則從贛本等正之。何以「不免得」與上「不復得」應，孫氏從其說。然今觀上文作「單于謂陵不可復得」，下文有昔高皇

帝，困於平城「僅乃得免」云云。今玩「不免」、「不得免」、「不可復得」、「（僅乃）得免」其義並就「被俘」而言。綜合上下文義，還以「得免」連文，相對為切，故當以諸六臣合注本、陳校為得。

猛將如雲　注：《毛詩》曰：齊子歸其止從如雲。

【陳校】

　　注「齊子歸其止」。「其止」二字，當乙。

【疏證】

　　奎本以下諸六臣合注本、尤本悉作「止其」。謹案：語見《毛詩注疏·齊風·敝笱》，正作「止其」，陸佃《埤雅·釋魚》引同。本書張平子《西京賦》「其從如雲」注、沈休文《齊故安陸昭王碑文》「其從如雲」注引亦同。毛本傳寫偶倒，陳校當從本書內證、《毛詩》、尤本等正之。

誠以虛死不如立節　注：《琴操》曰：重耳將自殺。子曰：申生虛死，子復隨之。

【陳校】

　　「子曰」。「子」下，脫「犯」字。

【集說】

　　胡氏《考異》曰：注「子曰申生虛死」。陳曰云云。是也，各本皆脫。
　　梁氏《旁證》曰：陳校「子」下添「犯」字。各本皆脫。

【疏證】

　　奎本、明州本、尤本、建本脫同。贛本獨有「犯」字。謹案：毛本當誤從尤本等，陳校當從贛本正之。

韓彭菹醢　注：（《史記》）又曰：彭越反，高祖赦之。遷處蜀道著青衣，行之鄭，逢呂后從長安來……（后）白上曰：……不如將之。令其舍人告越反。

【陳校】

　　注「遷處蜀道著青衣。」「著」字衍。青衣，道名，縣有蠻夷曰道。又「不如將之」。「將」，「誅」誤。

【集說】

余氏《音義》曰：「將之令」。何「將」改「殺」。

胡氏《考異》曰：注「遷處蜀道著青衣。」陳云「著字衍。」是也，各本皆衍。

梁氏《旁證》曰：陳校去「著」字。各本皆衍。

許氏《筆記》曰：注「遷處蜀道著青衣。」案：青衣，縣名也。校書者殆謂青色之衣，遂於「青」字上加「著」字，可為一笑。《文選》注如此者甚多，皆非李善之舊也。嘉德案：陳校亦云「著字衍。」尚未悉後人認為衣而妄加也。

【疏證】

奎本以下諸六臣合注本、尤本悉衍「著」字、作「誅」。謹案：語見《史記・彭越列傳》云：「傳處蜀青衣」，無「著」字，作「誅」。毛本「著」字，蓋誤從尤本等；作「將」，則獨傳寫譌耳。陳校當從《史記》正之。余氏謂何改「殺」，當逢錄偶譌。《集解》引文穎、《索隱》引蘇林等皆以為「縣名」，不及陳校「道名」為切。陳蓋出《漢書・百官公卿表上》「（縣）有蠻夷曰道」云。俱見陳氏史學之精深。嘉德僅據《考異》逢錄，遂誣陳校「未悉」云云，未免小覷陳氏；復以「青衣」之解，自矜為許家獨得之秘，亦足嘔噱。

陵先將軍 注：《漢書》曰：大將軍長史忽責廣。

【陳校】

注「忽責廣」。「忽」，「急」誤。

【集說】

余氏《音義》曰：「忽責」。「忽」，何改「急」。

【疏證】

奎本以下諸六臣合注本誤同。尤本作「急」。謹案：語見《漢書・李廣傳》，正作「急」，《史記・李將軍列傳》、《冊府元龜卷》八百七十七、《太平御覽》卷二百七十四、四百三十八引、《北堂書鈔》卷六十四「李將軍後期責之幕府」注引並同。奎本因形近而誤，諸六臣合注本誤從之，尤本當據《史》《漢》等改正。毛本當誤從建本等，陳校則從史志、尤本等正之耳。

使刀筆之吏弄其文墨耶　注：(《史記》) 又功臣曰：蕭何徒持文墨，顯居臣上。

【陳校】

　　注「顯居臣上。」「顯」，「顧」誤。

【集說】

　　余氏《音義》：「顯居」。「顯」，何改「顧」。

　　胡氏《考異》曰：注「顯居臣上」。何校「顯」改「顧」，陳同。是也，各本皆誤。

　　梁氏《旁證》同胡氏《考異》。

【疏證】

　　奎本作「顧」。明州本首因形近譌作「顯」，贛本、尤本踵之。建本作「於」，亦誤。謹案：事見《史記·蕭相國世家》，今本作：「今蕭何……，徒持文墨議論，不戰，顧反居臣等上，何也？」《漢書》略同，然「顧」下無「反」字，本書劉公幹《雜詩》「文墨紛消散」注引《漢書》同，史容《山谷外集詩注·次韻元翁從王夔玉借書》「為吏三年弄文墨」注引同。然則，陳、何校尚闕一「反」字，其從《漢書》，抑李善所見《史》《漢》本同歟？

報任少卿書一首　司馬子長

司馬子長　注：《漢書》曰：遷既被刑之後，為中書令，爭寵任職。……《史記》曰：任安，滎陽人，為衛將軍。

【陳校】

　　注「爭寵」。「爭」，「尊」誤。又「為衛將軍」下，脫「舍人」二字。

【集說】

　　余氏《音義》：「爭寵」。「爭」，何改「尊」。「衛將軍」，何曰：「《史記》下有『舍人』二字」。

　　胡氏《考異》曰：注「為衛將軍」。何校「軍」下添「舍人」二字，陳同。是也，各本皆脫。

　　梁氏《旁證》曰：何校「軍」下添「舍人」二字。陳同。見《史記·任安》

本傳。各本皆脫。

【疏證】

奎本以下諸六臣合注本、尤本悉作「尊」、脫「舍人」。謹案：遷事見《漢書·司馬遷傳》，字正作「尊」，《北堂書鈔》卷五十七、《初學記》卷十一、《太平御覽》卷二百二十、《冊府元龜》卷九百三引咸同。任事見《史記·任安傳》，正有「舍人」二字，《藝文類聚》卷六十九、《太平御覽》卷八百九十四引同。《北堂書鈔》「同牀臥」注引，亦同。毛本誤「爭」，獨因吳語音近而誤；脫二字，則誤從尤本等。陳、何校蓋從《史》《漢》、類書等補正之。

士為知己者用　注：《戰國策》曰：晉陽之孫豫讓事知伯。

【陳校】

注「晉陽」。「晉」，當作「畢」。

【集說】

胡氏《考異》曰：注「晉陽之孫」。案：「晉」下，當有「畢」字。各本皆誤。

梁氏《旁證》曰：胡公《考異》曰：「晉下當有畢字」云云。

【疏證】

奎本、明州本、尤本、建本誤同。贛本作「畢」。謹案：《戰國策·趙策一》作「晉畢陽」，《太平御覽》卷四百八十一引同，《呂氏春秋·論威》「豫讓必死於襄子」注亦同。毛本當從尤、建二本而奪，陳校改「晉」為「畢」，猶失之一間，依前胡補方是。

又迫賤事　注：孟康曰：卑賤之事，若煩務也。

【陳校】

注「若煩務」。「若」，「苦」誤。

【集說】

胡氏《考異》曰：注「若煩務也。」陳曰云云。是也，各本皆譌。《漢書》顏注引作「苦」。

梁氏《旁證》曰：陳校「若」改「苦」。見《漢書》顏注引，各本皆誤。

【疏證】

奎本以下諸六臣合注本、尤本悉同。謹案：今本《漢書》正作「苦」，然殿本《漢書》、《冊府元龜》卷九百三引亦作「若」。是「若」、「苦」形近致誤，亦已久矣。今玩孟注上句蓋釋「賤事」，下句「苦」字乃釋「迫」義，困窘也。當以「苦」為是。作「若」，則「迫」字無着落。毛本蓋從尤本等，陳校當從今本《漢書》正之。

行之極也　注：凡人能立志者，行中之最急也。

【陳校】

注「最急」。「急」，「極」誤。

【疏證】

奎本以下諸六臣合注本、尤本悉作「極」。謹案：「極」、「亟」、「急」三字，「亟」、「急」，見紐雙聲。極，羣聲，於二字為旁紐。「急」，為「亟」之借字，見《說文》「亟」下段注。于省吾《甲骨文字釋林》：「亟，古極字。」《毛詩・豳風・七月》：「亟其乘屋，其始播百穀」鄭箋：「亟，急。」《淮南子・精神》篇：「隨其天資，而安之不極」高誘注：「極，急也。」《馬王堆漢墓帛書・稱》：「惑而極反。」《荀子・賦篇》：「出入甚極，莫知其門」楊倞注：「極，讀為亟，急也。」並是三字音近義同，字得通借之驗。從訓詁而言，善注以「急」釋「極」，亦較以「極」解「極」為明了，故毛本未必誤，陳校從正文、尤本等正之，亦未必勝焉。

詬莫大於宮刑　注：《禮記・儒行》曰：妄常以儒相詬病。

【陳校】

注「妄常以」。「妄」字，衍。

【集說】

顧按：「妄」，非衍。鄭注可證。

【疏證】

奎本以下諸六臣本、尤本悉同。謹案：語見《禮記注疏・儒行》正有「妄」字，鄭注云：「妄之言無也。」黃震《黃氏日抄・讀禮記》亦有「妄」字，自注云：「妄，音亡，以妄常為句。今如字，以妄字為句。」是黃氏音與句讀雖

有異鄭《箋》，而「妄」字必有焉。顧按是，毛本從尤本等不為衍。陳校誤矣。

又注：《左氏傳》：宋元公曰：余不忍其詬。詬，音垢。應劭曰：詬，恥也。《說文》：詬，或作訽。火遘切。尋此二書其訓頗同。

【陳校】

注「余不忍其詬」。「詬」，「訽」誤。

【集說】

顧按：「訽」字，見本注。不誤。

【疏證】

奎本以下諸六臣合注本、尤本同。謹案：《左傳》語，今本《春秋左傳注疏·昭公二十年》，作：「余不忍其訽」注：「訽，恥也。」音義：「訽，許侯反。本或作詬，同。」同書《宣公十五年》「國君含垢」注「忍垢恥」。音義：「垢，古口反。本或作詬，音同。」《說文·言部》：「詬：謑詬，恥也。從言，后聲。呼寇切。」又：「訽：詬，或從句。」然則「詬」、「訽」、「垢」三字通。顧按是。毛本從尤本等不誤，陳校則據今本《左傳》改善注，蓋不知善所見《左傳》與今本未必合矣。

衛靈公與雍渠同載　注：《家語》曰：令官者雍渠參乘。

【陳校】

注「令官者」。「官」，「宦」誤。

【疏證】

奎本以下諸六臣合注本、尤本悉作「宦」。謹案：事見《家語·七十二弟子解》，正作「宦」，《史記·孔子世家》亦作「宦」，《後漢書·蔡邕傳》「雍渠驂乘」章懷注引《史記》同。毛本當從尤本等，陳校當從《家語》、史志、尤本等正之。

苟合取容　注：上之四事無一遂，假欲合取容，亦無其所也。《史記》：蔡澤曰：吳起言不苟合，行不苟容。

【陳校】

按：此言方浮沈於世，不分別短長，故下云「今乃欲論列是非」也。注未合。

【疏證】

奎本以下諸六臣本、尤本悉同。此亦陳校善注之不當。

且士本末未易明也

【陳校】

「士」,「事」誤。

【集說】

孫氏《考異》曰:「士」,是「事」字之誤,有《漢書》本可證。

許氏《筆記》曰:「士」何改「事」。嘉德案:《漢書》作「事」,何校從《漢書》也。茶陵本亦作「事」。

【疏證】

諸《文選》本悉作「事」。謹案:「士」,與「事」通。《尚書·康誥》:「百工播民和,見士于周」孫星衍疏:「士者,《詩》傳云:『事也。』言百官布列,民皆和悅。效事於周,謂攻位也。」《論語·述而》「富而可求也,雖執鞭之士吾亦為之。」《鹽鐵論·貧富》作「雖執鞭之事」楊樹達《要釋》:「士、事一字,古通用。」皆其證。毛本當別有傳承,或又癖好古字之例,正不必遽改。陳、何校蓋從尤本、《漢書》等。孫氏《考異》誤字說,非。

仰億萬之師　注:臣瓚曰:挑,挑敵求戰也。古謂之致師。地地高,故曰仰。

【陳校】

注「地地高」。上「地」,「北」誤。

【疏證】

奎本以下諸六臣合注本、尤本悉作「北」。謹案:《漢書》本傳作「卬億萬之師」師古曰:「卬,讀曰仰。漢軍北向,匈奴南下。北方地高,故云然。」顏監注,足可為陳校之佐。毛本獨因形近而誤,陳校當從《漢書》、尤本等正之。

所殺過半當　注:顧野王決曰:殺過半當,言陵軍殺已過半。

【陳校】

注「殺過半當」上,脫「所」字。又,「過半」,即對上「億萬」言之,謂

所殺敵軍已過其半爾。

【集說】

　　余氏《音義》曰：何曰：「半〔當〕，《漢書》作當。」

　　孫氏《考異》曰：「所殺過半當。」圓沙本從《漢書》刪「半」字。顏師古注：「率計戰士殺敵數多，故云過當也。」

　　張氏《膠言》曰：注「顧野王決曰」云云。孫侍御曰「圓沙本從《漢書》刪去半字」云云。雲璈按：無「半」字，文理較順。或又以為「半」字屬上（字）〔句〕，「當」字屬下句亦通。

　　梁氏《旁證》曰：「所殺過半當。」五臣無「半」字，向注可證。《漢書》無「半」字。師古曰：「率計戰士殺敵數多，故云過當也。」

　　許氏《筆記》曰：「所殺過半當。」《漢書》無「半」字。嘉德案：孫曰：「圓沙本從《漢書》刪去半字。顏師古注」云云。張曰：「無半字，文理較順」云云。又茶陵本云：「舊本有半字。」

【疏證】

　　奎本以下諸六臣合注本、尤本悉有「所」字。謹案：《太平御覽》卷三百十一、《冊府元龜卷》九百三、《文章正宗》卷十五引本《書》作「所殺過當。」按正文，則注亦當有「所」字。《漢書》、《通志》本傳亦有「所」字。此毛本偶奪。陳校當從正文及尤本等補之。至於「半」字，《漢書》及五臣並無，此五臣求異善注而從《漢書》，李善未必與《漢書》同。但觀善注引顧野王「決曰」云云，則善本有「半」字斷可言矣。

〔更〕張空拳　注：李登《聲類》云：拳，或作卷。此言兵日盡，但張空拳以擊耳。桓寬《鹽鐵論》曰：陳勝無將帥之兵，師旅之眾，奮空拳而破百萬之軍。何晏《白起故事》：白起雖坑趙卒，向使預知必死，則前驅空卷猶可畏也，況三千萬被堅執銳乎？顏師古者讀為拳者，謬矣。拳則屈指，不當言張，陵時矢盡故張弩之空弓，非手拳也。李奇曰：拳者，彎弓也。

【陳校】

　　「〔更〕張空拳」。「拳」，「㩧」誤。注同。又「或作卷。此言兵日盡」。「卷」，「捲」誤、「日」，「已」誤。又「顏師古者」。「者」，「曰」誤。「彎弓

也」。「彎」,「弩」誤。

【集說】

孫氏《補正》曰:趙自注:曦明云:矢已盡矣,空弩張之何益?奮拳而敵,便是「張」義。何必以屈指為疑?似無庸改「拳」為「弮」也。

顧按:「拳」字非誤,顏讀為「弮」耳。注引李奇,顏所本也。

胡氏《考異》曰:注「李奇曰:拳者,弩弓也。」茶陵本「拳」作「弮」。袁本亦作「拳」。案:正文作「拳」,善注先如字解之,復引顏師古云云,乃解為「弮」字,所以兼載異讀。此「李奇曰」,即顏所引,當作「弮」不當作「拳」。《漢書》注亦可證也。

梁氏《旁證》曰:(正文)《漢書》「拳」作「弮」。胡公《考異》曰「正文作拳」云云。案:宋·楊伯嵒《臆乘》,亦以師古「張空弮」說為長。然《左氏·桓公六年傳》注:「張,自侈大也」。《北史·辛雄傳》云:「軍威必張」、《唐書·劉仁軌傳》:「戰勝之日開張形勢」,所用「張」字皆振奮之義,要即振臂一呼之狀。且李陵《與蘇武書》:「人無尺鐵,猶復徒首奮呼。」「徒首」,即「徒手」。既是徒手相搏,則拳不必作弩弓解。考《周官》「六弓六弩」,弓、弩並用,《玉海》載漢制:「弩則有弩將,射則有樓煩將。」《史記》謂:「陵帥射士五千人」,《漢書》謂:「陵將荊楚勇士奇才劍客,而強弩都尉路博德羞為後距」,則五千人非弩將可知。況是時死傷略盡,所未死者,豈皆習弩而有空弮可張者乎?竊謂《國語》已有「拳勇股肱」之語,《鹽鐵論》亦云:「專諸空拳,不免於為禽」,《後漢書·皇甫嵩傳》「雖兒童可使奮拳以致力」,《北齊書·神武紀》「縱無匹馬隻輪,猶欲奮空拳而爭〔死〕」,凡皆言拳非言弮。至《隋書·達奚長儒傳》云:「戰鬥三日,五兵咸盡。士卒以拳毆之,手皆見骨」云云。此雖後代事,亦可證軍中未始無用拳者。李前注言兵已盡,但張空拳以擊情狀,正相同也。「顏師古」,當作「顏監」,善例如此。

朱氏《集釋》曰:《漢書》「拳」作「弮」。顏注云:「讀為拳者謬。拳則屈指,不當言張。陵時矢盡,故張空弓,非手拳也。」案:此注李亦引之。《漢書·李陵傳》云:「矢盡道窮,士張空弮」注引文穎曰:「弮弓,弩弮也。」今本皆誤作「拳」。或據《國語·齊語》「有拳勇股肱之力」韋注「人勇為拳」,又《詩》「無拳無勇」毛《傳》:「拳,力也」,因謂:「空拳猶言空手」。然承上「張」字說,自與「弮」合。若以為「拳勇」字,則「空拳」殊為不辭。且《陵傳》明云「矢盡而張空弮」,其非徒手相搏可知。蓋既無矢,祇可張

空弮以疑敵耳，但如梁武帝《連珠》所云：「虛弦動而隼落」者。似宜仍從顏注。

薛氏《疏證》曰：案：潘安仁《閒居賦》：「谿子巨黍，異豢同機」注：「《漢書音義》：張晏曰：連弩三十豢共一臂。」然，豢，弩弓也。李奇曰：「豢，弓也。」《字林》曰：「豢，音卷」。楊子雲《羽獵賦》「距連卷」注：「張晏曰：連卷，木也。」善曰：「卷，音拳。」蓋捲字卷聲，卷字 聲，而拳、豢二字亦 聲，故互相假借耳。

胡氏《箋證》曰：《考異》曰：「陵《與蘇武書》：人無尺鐵，猶復徒首奮呼。徒首，即徒手。既是徒手相搏，則拳不必作弓弩解。」竊謂：《國語》已有「拳勇」之語。《鹽鐵論》亦云：「專諸空拳，不免於為禽。」《後漢書・皇甫嵩傳》：「雖兒童可使奮拳以致力。」《北齊書・神武紀》：「縱無匹馬隻輪，猶欲奮空拳而爭〔死〕」，凡皆言「拳」非言「弮」。至《隋書・達奚長儒傳》云：「戰鬪三日，五兵咸盡。士卒以拳毆之，手皆見骨」云云。此雖後代事，亦可證軍中未始無用拳者。

許氏《筆記》曰：「空拳」。注「《聲類》：拳，或作卷。桓寬《論》作捲。何晏《白起故事》作棬。李奇注作彎。」案：《說文》：「拳，手也」、「捲，氣勢也。」《國語》曰：「有捲勇。一曰：捲，收也。並巨員切。」〔《說文》〕「豢，牛鼻中環也。居倦切」，周伯奇曰：「別作棬，非。豢，攘臂繩也」，張有曰：「別作弮，非。」今但當依《漢書》作「空弮」讀之。又案：《玉藻》「杯圈不能飲。」《孟子》：「以杞柳為桮棬。」則「棬」與「圈」通。而《說文》訓「圈」為養畜之「閑」。古字音同者，即展轉通用類如此。嘉德案：注曰：「李奇曰：拳者，彎弓也」，此「拳」字當作「弮」，傳寫誤也。六臣茶陵本作「弮」、袁本亦誤「拳」。注引「師古曰：拳則屈指，不當言張，陵時矢盡，故張弩之空弓，非手拳也。」又引李奇「弮者」，乃釋「空弩」也。李氏先釋「空拳」，故云「但張空拳以擊之」，之後引師古以證「空弮」之說，本不專主「弩弓」也。孫氏引趙曰：「矢已盡矣，空弩張之何益」云云。胡氏曰：「正文作拳，善注先如字解之」云云。胡說最為明確。注又云：「拳或作卷」，復兩引「空捲」、「空棬」。考《說文》：「手，拳也」、「拳，手也」，蓋舒之為手，卷之為拳，故「拳」亦作「卷」。「捲」訓「氣勢」者，謂作氣有勢也。此與「拳」同音異義，而《小雅》「無拳無勇」毛《傳》曰：「拳，力也。」《齊語》：「桓公問曰：有拳勇股肱之力」韋曰：「大勇為拳。」此「拳」即「捲」字，蓋借「拳」為「捲」也。

《齊風》箋曰：「攈，勇壯也。」攈者，「捲」之或體。《五經文字》云：「从手作攈者，古拳握字。」《國語》曰「有捲勇。」皆捲之本義也。作舒捲字者，別一義也。《論語》「卷而懷之」，則借「卷」為「捲舒」字也。又，「棬」，訓「牛鼻環」。玄應曰：「牛拘。」《呂氏春秋》：「使五尺童子引棬而牛恣，所以順之也。」棬，即「棬」字。《玉篇》「棬，亦作棬」，此又棬與「棬」、「棬」通用也。注引《白起故事》作「棬」，則「棬」亦通作「捲」、「拳」矣。又《說文》：「桮，䰍也」，即今之「杯」字。段曰：「古以桮盛羹，桮圈是也。」《廣韻》：「棬，贛似升，屈木作。」《玉篇》「棬，屈木盂也。」故「桮圈」亦作「桮棬」，古字音同多通借。

【疏證】

奎本以下諸六臣合注本、尤本悉作「拳」（注同）、「捲」、「已」、「曰」、「弩」。謹案：先論「拳」字。《漢書·司馬遷傳》作「張空拳」。注：李奇曰：「拳，弩弓也」。師古曰：「拳，音丘權反。又音眷。讀者乃以拳擊之拳，大謬矣。拳則屈指，不當言張。陵時矢盡，故張弩之空弓，非是手拳也。」是顏主「讀為拳」；而同書《李陵傳》「士張空拳」注：文穎曰：「拳，弓弩拳也。」師古曰：「拳字與棬同。音去權反，又音眷。」則是文、顏二家，並主「拳與拳同」。《集韻·僊韻》：「棬，弩棬，或從弓。」然則，拳、棬、拳三字音義實通。毛本蓋從尤本等，不誤。陳校則僅據《漢書·司馬遷傳》顏說，罔顧同書《李陵傳》顏說與文穎注，失于偏執，焉得其實？次論注中「捲」、「已」、「曰」、「弩」諸字。捲與卷音義皆通「拳」。與《說文·手部》：「捲，氣勢也。《國語》曰：有捲勇。」今《國語·齊語》作「有拳勇股肱之力」。是捲通「拳」之證。《正字通·卩部》：「卷，別作拳。」是卷通「拳」之證。卷，又有今作「捲」者，毛本好用古字，未必誤也，陳校未是。「已」以下三字，毛本獨誤，陳校是也。梁氏駁顏注「拳不當言張」說，援證豐富，論亦雄辯，其說可從。然前胡「善注先如字（作「拳」）解之，復引顏師古云云，乃解為「拳」字，所以兼載異讀」之說，亦切合善注，不可廢。後胡《箋證》所引實節援自《旁證》，刻本譌為前胡《考異》，今坊間蔣氏點校本以《考異》云云，不見胡克家《考異》」，疑為「本胡紹煐按語。所引《考異》文已脫去」云云見卷二十八校記，非也。許引周伯奇語，見所著《六書正譌》卷四。宋·張有語，見彼所著《復古編》卷四。

冒白刃……使有來報　注：《史記》曰：陵至浚稽山，使麾下騎陳步樂還以聞。步樂召見，道陵將〔率〕得十死力。

【陳校】

注「得十」。「十」，「士」誤。

【疏證】

奎本以下諸六臣合注本、尤本悉作「士」。謹案：語見《漢書》、《通志‧李陵傳》，正作「士」字，《太平御覽》卷四百七十五、《冊府元龜》卷四百十二、《文章正宗》卷十九引並同。作「《史記》」者，恐善誤記。毛本獨因音近而誤，陳校當從《漢書》、尤本等正之。

欲以廣主上之意，塞睚眦之辭　注：言欲廣主上之意，及塞羣臣睚眦之辭。

【陳校】

（「塞睚眦之辭」）即上文所謂「媒糵其短」。《史記‧范雎傳》索隱曰：「睚眦，謂相嗔怒而見齒」，是也。塞者，乃間執讒慝之意。梁氏《旁證》

【集說】

梁氏《旁證》曰：《漢書》師古注曰：「睚眦，舉目眥也，猶言顧瞻之頃也。」按：此說恐非。陳曰：「即上文所謂『媒糵其短』。《史記‧范雎傳》索隱曰：『睚眦，謂相嗔怒而見齒』，是也。塞者，乃間執讒慝之意。」

【疏證】

明州本、贛本、尤本、建本並同。奎本惟「及」下脫「塞」字，餘同。謹案：此陳氏非師古《漢書》注而補善注。本條未見周鈔《舉正》，僅見於《旁證》。

而僕又佴之蠶室　注：衛宏《漢義》以為置蠶（宮）〔官〕今承諸法，云：詣蠶室與罪人從事。

【陳校】

注「《漢義》」。當作「《漢儀》」。又「今承諸法」。「今承」當作「令丞」。

【集說】

胡氏《考異》曰：注「以為置蠶宮今承」。陳曰云云。是也，各本皆誤。

梁氏《旁證》曰：陳校「今承」，改「令丞」。各本皆誤。

【疏證】

奎本以下諸六臣合注本、尤本悉作「漢儀」、誤「今承」。謹案：漢‧衛宏《漢官舊儀》卷下云：「置蠶官令、丞。諸天下官下法，皆詣蠶室，與婦人從事。故舊有東、西織室作治。」

《後漢書‧禮儀志‧先蠶》「是月，皇后帥公卿諸侯夫人蠶」章懷注引「《漢舊儀》」略同。正作「置蠶官令丞」。（惟「諸天下官」下，脫「下法」二字、「與婦人」，「與」誤作「亦」、「作法」作「作治」，則緣避唐諱耳）衛宏所著書，全稱「《漢官舊儀》」。「《漢舊儀》」、《漢儀》，或是簡稱。參上任彥昇《天監三年策秀才文》「每時入劵槀」條。本書陸佐公《新漏刻銘》：「衛宏載傳呼之節，較而未詳」善注作「衛宏《漢舊儀》曰」云云，而顏延年《赭白馬賦》「扶護警躍」注、謝玄暉《和伏武昌登孫權故城》「炎靈遺劍璽」注引並作「《漢儀》」云云，可證。毛本從尤本等用簡稱不為非，然作「義」，或係借字，其作「今承」，則從尤本等謬矣。陳校當據《漢官舊儀》等正之，然「置蠶官」，上諸《文選》本並譌「宮」，陳校亦不能正焉。

而世俗又不與能死節者，次比特以為智窮罪極，不能自免，卒就死耳
注：與，如也。言時人以我之死，又不如能死節者。言死無益也。

【陳校】

《漢書》無「次」字、「比」字屬上讀。五臣本有此二字，善本無之。

【集說】

何氏《讀書記》曰：「次」字衍。言不得與死節者比耳。注迂謬。葉刻同

余氏《音義》曰：何曰：「次比，《漢書》無次字。」

汪氏《權輿》曰：「而世俗又不能與死節者」注曰：「與，如也」云云。按：此當連下「次比」二字為句。而此以「次比」屬下文，恐亦誤。

孫氏《考異》曰：注：「與，如也」云云。何云：「言不得與死節者比耳。注迂謬。」志祖按：五臣本有「次比」二字。自注：《漢書》無「次」字。李善本無之，故以「與」字作「如」字解。若果有此二字，善雖博而不精，何至迂謬乃爾？汲古閣注止載李善一家，而本文又閒從五臣，未免歧誤。

張氏《膠言》曰：《漢書》無「次」字，言不得與死節者比耳，語意較明。

何校以李注為迂謬。孫侍御曰云云。

梁氏《旁證》曰：六臣本「者」下有「次比」，《漢書》但有「比」字。王氏念孫曰：「比字，後人所加。據師古注云：『與，許也。不許其能死節』，則無『比』字明也。《文選》李善本無『比』字，注云：『與，如也。言時人以我之死，又不如能死節者。』皆其明證也。劉良注云：『言世人輕我，見誅死不與死王事者相比』，或五臣所見本已有『比』字乎？」

胡氏《箋證》曰：王氏念孫曰：「與，猶謂也。言世之人不謂能死節者。古『與』字與『謂』同義。『比』字後人所加。」紹煐按：「俗」字、「次比」字，善本所無。

許氏《筆記》曰：「次比」二字當上讀。若依善注則二字當衍。《漢書》無「俗」字、「次」字。六臣本云：善無「俗」、「次」、「比」三字。今依《漢書》。嘉德案：注「與，如也」云云。何氏《讀書記》云：「次字衍」云云。孫云：「五臣本有『次比』二字」云云。又考茶陵本云善本無「比次」二字，依注亦無此二字也。《漢書》有「比」字，無「次」字，亦無「俗」字。何校亦從《漢書》，語意為明。「比」，屬上讀。此注存而不論可也。

黃氏《平點》作「而世又不與能死節者。」

【疏證】

五臣正德本及陳本作：「而世俗又不能與死節者次比」，奎本以下諸六臣合注本同，而「俗」下校云：善本無「俗」字、「能與」下校云：善本作「與能」、「者」下校云：善本無「次比」二字。尤本獨作「而世又不與能死節者」，善注則在「節者」下。謹案：尤氏《考異》曰：「五臣作『世俗又不能與死節者次比。』」《漢書》作：「而世又不與能死節者比」。尤本乃據六臣本校語，本書陸士衡《辯亡論上》「烈士死節」注同。尤本《辯亡論上》注引則「者」下多一「也」字。此方是李善本真相。故李善本與《漢書》有兩處不同：善本無「比」字而句末有「也」字。毛本有「俗」字、作「次比」，略同五臣；而「與能」又合善本、善注亦在「節者」下。首鼠兩端，故有孫氏「未免歧誤」之譏。關於李善本與《漢書》之異同，可借用嘉德所言「存而不論」可也。陳校羅列《漢書》、李善本、五臣本三家，論而不斷，實亦持此種態度。較何氏獨觭《漢書》為謹慎。參拙著《何校集證》。孫氏揭示毛本「未免歧誤」之根源，值得重視。

被箠楚受辱　注：《漢書》曰：箠房五尺。

【陳校】

　　注「房五尺」。「房」，「長」誤。

【疏證】

　　奎本以下諸六臣本、尤本悉作「長」。謹案：語見《漢書·刑法志三》，正作「長」，《西漢會要·刑法一》、《太平御覽》卷六百四十九引、《北堂書鈔》卷四十五「竹箠長五尺」注引並同。毛本獨因形近而誤，陳校當從《漢書》、尤本等正之。

其次毀肌膚　注：謂辱刑也。

【陳校】

　　注「謂辱刑」。「辱」，「肉」誤。

【疏證】

　　奎本以下諸六臣合注本、尤本悉作「肉」。謹案：《漢書·刑法志三》云：「夫刑至斷支體，刻肌膚，終身不息。何其刑之痛而不德也？……其除肉刑，有以易之。及令罪人各以輕重不亡逃有年而免。具為令。」此當善注所宗。毛本獨因音近而誤，陳校當從《漢書》、尤本等正之。

故（士）有畫地為牢　注：臣瓚曰。

【陳校】

　　注「臣瓚」。「瓚」，「瓚」誤。

【疏證】

　　奎本以下諸六臣合注本、尤本悉作「瓚」。謹案：本書尤本善注引瓚注凡三十餘處，惟《洛神賦》「采湍瀨之玄芝」，作「傅瓚（曰瀨湍也）」，其餘皆作「臣瓚」。參上成公子安《嘯賦》「群鳴號乎沙漠」條。毛本獨因音近而誤，陳校當從本書內證、尤本等正之。

定計於鮮　注：平聲

【陳校】

　　注「平聲」。按：「鮮」，恐當與《詩》「鮮我覯爾」之「鮮」同義，息淺

反。鄭《箋》云：「鮮，善也。」「定計於鮮」，謂籌之素善，故不犯刑也。

【疏證】

奎本以下諸六臣合注本、尤本悉有「平聲」字。謹案：陳引《詩》見《毛詩注疏・小雅・車舝》。此陳通訓定聲，議善注讀「鮮」為「平聲」之非。善注或誤從《漢書》顏注引「文穎曰：『未遇刑自殺，為鮮明也』」而云然。毛本當誤從尤本等。

李斯相也，具於五刑　注：《漢書・刑法志》曰：漢興之初……其謝謗詈詛者，又〔先〕斷舌。

【陳校】

注「其謝謗」。「謝」，「誹」誤。

【疏證】

奎本以下諸六臣合注本、尤本悉作「誹」。謹案：語見《漢書・刑法志三》，正作「誹」，《西漢會要・刑法一》同。毛本獨因形近而誤，陳校當從《漢書》、尤本等正之。

彭越張敖南面稱孤，繫獄抵罪　注：《漢書》曰：（貫高）檻車請詣長安。

【陳校】

注「檻車請詣長安。」「請」字衍、「車」下脫「與王」二字。

【疏證】

奎本以下諸六臣合注本、尤本悉作「檻車與詣」。謹案：事見《漢書・張耳陳餘傳》正作「檻車與王詣」，《通志・陳餘傳》同。《史記・陳餘列傳》作「乃轞車膠致，與王詣長安。」上諸《文選》本悉脫一「王」字。毛本獨衍「請」字、脫「與王」二字，陳校當從《漢書》正之。

魏其大將也……關三木　注：《周禮》曰：上罪，梏拲而桎。桎，之粟切。

【陳校】

注「桎，之粟切。」「粟」，「栗」誤。

【疏證】

奎本以下諸六臣合注本、尤本悉作「栗」。謹案：語見《周禮注疏・掌囚》，

音義引《漢書音義》作:「桎,之實反」,語亦見《漢書‧刑法志三》:「凡囚,上罪梏拲而桎」師古曰:桎音之日反。」「之實」、「之日」音與「之栗」同。並可為借證也。毛本獨因音近而誤,陳校當從《周禮》、尤本等正之。

灌夫受辱於居室 注:《漢書》:蚡曰:吾欲與仲孺過魏其侯,會孺有服……夫無所發怒,乃罵賢曰:生毀程不識,不直一錢。

【陳校】

注「會孺有服。」「會」下,脫「仲」字。又「乃罵賢曰」下,脫「平」字。

【集說】

余氏《音義》曰:「會孺」。「會」下,何增「仲」字。

胡氏《考異》曰:注「會孺有服。」何校「孺」上添「仲」字,陳同。是也,各本皆脫。

梁氏《旁證》曰:何校「孺」上添「仲」字。

【疏證】

奎本以下諸六臣合注本、尤本悉脫「仲」、「平」二字。謹案:事見《史記‧魏其武安侯列傳》、《漢書‧灌夫傳》並有「仲」字;《史記》作「生平」、《漢書》作「平生」,咸有「平」字。本書應休璉《與滿公琰書》「仲孺不辭同產之服」注引《漢書》有「仲」字。毛本當誤從尤本等,陳、何當從據《史》、《漢》、本書內證等補之,是也。「平」字,亦為前胡漏錄漏校。

又注:蚡乃麾騎縛夫置傳舍,長史曰……今日召宗室有詔,效灌夫罵坐,不敬。

【陳校】

注「置傳舍,長史」。「長史」上,脫「召」字。又「效灌夫」。「効」,「劾」誤。

【集說】

余氏《音義》:「詔效」。「效」,何改「劾」。

胡氏《考異》曰:注「長史曰。」陳曰云云是也,各本皆脫。

梁氏《旁證》曰:何校「長」上添「召」字。

【疏證】

奎本以下諸六臣合注本、尤本悉脫「召」字、作「劾」。謹案：《史記・魏其武安侯列傳》、《漢書・灌夫傳》並有「召」字、作「劾」字。毛本脫「召」，蓋誤從尤本等；作「效」，則獨因形近而誤耳。陳、何校蓋從《史》、《漢》等補正之。梁校率出胡氏《考異》，然「長」上添「召」；前胡作「陳校」，梁氏作「何校」。疑非何校，祗陳校耳。

夫人不能早裁繩墨之外

【陳校】

「早」下，脫「自」字。

【集說】

余氏《音義》曰：「早裁」。善本「早」下有「自」字。

梁氏《旁證》曰：六臣本無「自」字。

【疏證】

五臣正德本及陳本、奎本以下諸六臣合注本同，六臣合注本「早」下有校云：善本有「自」字。獨尤本有「自」字。謹案：五臣銑注曰：「言不能自裁早至亡滅，以出獄吏繩墨之外」，則可證五臣本亦有「自」字。宋・樓昉《崇古文訣》卷四引有「自」字。觀上下文義，以有「自」為長。毛本當誤從建本等，陳校當從尤本及諸六臣合注本校語耳。

且夫臧獲婢妾　注：凡人男而歸婢謂之臧，女而歸奴謂之獲。

【陳校】

注「歸婢謂之臧」、「歸奴謂之獲。」「歸婢」，當作「婿婢」。「歸奴」，當作「婦奴」。

【集說】

胡氏《考異》曰：注「男而歸婢」、「女而歸奴」。陳曰云云。是也，各本皆誤。此《方言》文也。

梁氏《旁證》曰：陳校「歸婢」改作「婿婢」、「歸奴」改作「婦奴」。是也，各本皆誤。

【疏證】

奎本以下諸六臣合注本、尤本悉誤。謹案：語見《方言》三，正作「壻婢」、「婦奴」，《藝文類聚》卷三十五引、《經典釋文·莊子外篇駢拇》「臧」字注引同，《初學記》卷十九「奴婢」引「《風俗通》」亦同。毛本誤從尤本等，陳校當從《方言》、類書等正之。

屈原放逐 注：《史記》曰：屈原……為楚懷王左司徒……（上官大夫）讒之曰：每令出，平伐其功，以為非我莫為王也。

【陳校】

注「左司徒」。「司」字衍。又「以為非我莫為王也。」「莫」下，脫「能」字、「王」字衍。

【集說】

胡氏《考異》曰：注「為楚懷王左司徒。」陳云「司字衍。」案：各本皆同。陳據今《史記》校也。考《集解》、《索隱》無明文，唯《正義》注云云，其本無「司」字。或善讀《史記》有，未當輒去。又曰：注「莫為王也。」陳云「『為』上脫『能』字，下衍『王』字。」案：亦據今《史記》校也。或「王」當作「之」，而各本皆譌。

梁氏《旁證》曰：陳校去「司」字，蓋據今本《史記》。又曰：陳校「為」上添「能」字，去「王」，亦據今本《史記》也。胡公《考異》曰：「或『王』當作『之』」云云。

【疏證】

明州本、尤本、建本皆同。奎本衍「司」、無「能」字、「王」字。贛本衍「司」、有「能」字、無「王」字。謹案：語見今本《史記·屈原列傳》，作「左徒」、「曰：以為非我莫能為也」，無「司」、「王」字，有「能」字。本書馬季長《長笛賦》「屈平適樂國」注引，作「左司徒」；《古今合璧事類備要》續集卷四十一「每一出令」注作「曰：以為非我莫能為也」，咸同今本《史記》。毛本當從尤、建二本等，陳校確從今本《史記》。前胡說，可備參考。前胡所謂「《正義》注」云云，蓋謂《正義》「左徒」下注曰「蓋今（在）[左] 右拾遺之類」云。

兵法條列

【陳校】

「條」,「脩」誤。

【集說】

孫氏《考異》曰:「兵法脩列。」「脩」,一本作「條」。《漢書》作「脩」。

【疏證】

五臣正德本、奎本作「修烈」。明州本、贛本、建本、五臣陳本作「修列」、尤本作「脩列」。謹案:《漢書・司馬遷傳》作「脩列」,《記纂淵海》卷七十四同。《藝文類聚》卷二十六、《玉海》卷一百四十引、《北堂書鈔》卷九十九「西伯演周易」注引並作「修列」。「修」與「脩」同、「烈」與「列」通。毛本獨因形近而誤「條」,陳校當從《漢書》、尤本等正之。

不韋遷蜀　注:《史記》曰:太子正立為王。

【陳校】

注「太子正」。「正」,「政」誤。

【集說】

顧按:「正」字不誤。

【疏證】

尤本同。奎本以下諸六臣合注木作「政」。謹案:事見《史記・呂不韋列傳》,作「政」。謹案:宋・呂祖謙《大事記解題》卷五「周赧王五十六年異人生子政」解題曰:「按《始皇紀》:『始皇以秦昭王四十八年正月,生於邯鄲。及生,名為政。』徐廣曰:『作正。宋忠云:『以正月旦生。』』宋・吳箕《常談》亦云:「正月,正,讀當作政。《毛詩・正月》『正,音政。秦始皇以正月旦生,故名政。』《世本》政,作正。宋忠云:『以正月旦生,故名正。』祖龍以威暴天下,計當時避其諱嚴甚。訛『正』為『(征)〔政〕』,後世不之改爾。」然則,顧按,似出宋人。毛本蓋從尤本,陳校失在知其一而不知其二也。

韓非囚秦　注：《史記》曰：承因急攻韓。

【陳校】

注「承因急攻」。「承」，「秦」誤。

【疏證】

奎本以下諸六臣合注本、尤本悉作「秦」。謹案：語見《史記·韓非列傳》，作「秦」字，《冊府元龜》卷九百五十二、司馬光重添註《揚子法言·問明篇》「或問韓非作說難之書」注引並同。毛本獨因形近而誤，陳校當從《史記》、尤本等正之。

故述往事思來者　注：言故述往前行事，思今將來人知己之志。

【陳校】

注「思今將來人知己之志」。「今」，「令」誤。

【疏證】

奎本以下諸六臣合注本誤同。尤本作「令」。謹案：奎本因形近而誤，明州本等誤踵之。毛本當誤從建本等，陳校當從尤本、上下文義等正之。

寧得自引深藏巖穴耶

【陳校】

「引」下，脫「於」字。

【集說】

梁氏《旁證》曰：六臣本無「於」字。《漢書》「於」字在「藏」字下。

黃氏《平點》曰：「寧得自引於深藏巖穴邪？」據《漢書》改「深藏於巖穴」。

【疏證】

奎本以下諸六臣合注本無「於」字，「引」下並有校云「善本有於」。尤本有「於」字。謹案：《漢書·司馬遷傳》「於」字在「藏」字下。樓昉《崇古文訣》卷四、《文章正宗》卷十五引並同《漢書》。本書陸士衡《豪士賦序》「超然自引高揖而退」注引亦脫「於」字。「於」字位置，《文選》與《漢書》容有不同，尤本或依六臣合注本校語補。毛本當誤從建本等脫，陳校當從尤本及

六臣合注本校語正之。

以通其狂惑 注：《鶡子》曰：知善不行者，謂之狂；惡不改者，謂之惑。

【陳校】

　　注「惡不改者。」「惡」上脫「知」字。

【疏證】

　　奎本以下諸六臣本、尤本悉有「知」字。謹案：語見唐·逢行珪注《鶡子》，正有「知」字，《太平御覽》卷七百三十九引《鶡子》同。又，按上下文文義，固當有「知」字。毛本傳寫偶脫，陳校當從《鶡子》、尤本等正之。

報孫會宗書一首　楊子幼

楊子幼 注：《漢書》云：楊惲，⋯⋯以才能稱譽。為常侍騎，⋯⋯坐事免為庶人。⋯⋯遂即歸家閒居⋯⋯西河孫會宗與惲書誡諫之，言大臣廢退⋯⋯不當治產業，通賓客，有稱舉。惲乃作此書報之。

【陳校】

　　注「有稱舉」。「舉」，「譽」誤。

【集說】

　　余氏《音義》曰：「稱舉」。六臣「舉」作「譽」。

　　胡氏《考異》曰：注「漢書楊惲」下至「惲乃作此書報之」。案：此一節注當有誤。如：本《傳》，惲自「以兄忠任為郎，補常侍騎」，則云「以才能稱譽」者，決非善引《漢書》矣。《漢書》云「家居」，此云「遂即歸家閒居」，殊不成語，必各本皆失其舊也。

　　梁氏《旁證》曰：胡公《考異》曰：「此一節注當有誤」云云。

　　許氏《筆記》曰：「楊子幼」下注多舛誤。校正。嘉德案：胡亦曰：「此節注『《漢書》楊惲』下至『惲乃作此書報之』，當有誤。⋯⋯必各本皆失其舊也。」今從《漢書》節敍正之。

【疏證】

　　奎本、明州本、尤本、建本同。惟贛本作「有稱譽」。謹案：語見《漢書·

楊惲傳》正作「有稱譽」，《藝文類聚》卷二十三、《太平御覽》卷四百五十八引並同，《文章正宗》卷十五「司馬遷《答任安書》」注引亦同。但據上文，亦當作「譽」。毛本當誤從尤、建二本等，陳校當從贛本、《漢書》等正之。前胡說亦自有理，然陳此校與《漢書》局部合，況且亦與楊《書》「尚何稱譽之有」呼應，未必非其舊也。

橫被口語，身幽北闕　注：如淳《漢書注》曰：上章者於公車，有不如法者，以付北軍尉。北軍尉以法罰之。楊惲上書遂幽。北闕，公車門所在也。

【陳校】

注如淳一條，別采《劉向傳》注。然楊惲自以「被口語」而身幽繫，非坐上書得罪也。如說未諦，李亦誤引。

【疏證】

奎本以下諸六臣本、尤本悉同。謹案：此論善注援引《漢書》注失當。陳說是。

君子游道　注：《史記》曰：陳平游道日廣。

【陳校】

注「陳平游道日廣。」按：與此「游道」義別，注誤引。

【疏證】

奎本以下諸六臣本、尤本悉同。謹案：此亦陳論善注誤引。《漢書》本傳亦載楊《書》「君子游道，樂以忘憂」云云。是「游道」，義在「行道」。《史記》語見《陳丞相世家》，云：「平既娶張氏女，齎用益饒，游道日廣。」義則取「交往」、「交游」。取義各別，是善注誤引，陳校是也。

送其終也，有時而既　注：張晏《漢書注》曰：喪不過三年。臣見放逐，降居三月，復初。

【陳校】

此注當引《孝經》「喪不過三年，示民有終」之文，今引張晏《漢書注》，未諦。

【疏證】

奎本以下諸六臣合注本、尤本悉同。謹案：此亦論善注之誤引。

婦，趙玄也

【陳校】

「玄」，「女」誤。

【集說】

余氏《音義》曰：「玄」，六臣作「女」。

孫氏《考異》曰：「婦，趙女也。」「女」誤「玄」。

許氏《筆記》曰：「趙玄」。「玄」，當作「女」。嘉德案：茶陵本、《漢書》並作「女」。此作「玄」，傳寫誤。

【疏證】

諸《文選》本咸作「女」。謹案：《漢書‧楊惲傳》作「女」，《藝文類聚》卷二十六、《太平御覽》卷三百六十六、卷五百二十引並同。《白孔六帖》卷六十二「楊惲婦趙女也，雅善鼓瑟」亦同。本書張平子《南都賦》「列趙女」注、任彥昇《為范尚書讓吏部封侯第一表》「雖室無趙女」注、石季倫《思歸引序》「頗有秦趙之聲」注引並作「女」字。毛本獨因形近而誤，陳校當從《漢書》、本書內證、尤本等正之。

田彼南山，蕪穢不治……豆落而為箕　注：張晏《漢書注》曰：言豆者貞直之物，零落在野，喻己見於棄也。臣瓚按：……言於王朝而遇民亂也。

【陳校】

注「己見於棄」。「於」，「放」誤。又「而遇民亂」。「民」，「昏」誤。

【集說】

胡氏《考異》曰：注「而遇民亂也」。陳曰云云。是也，各本皆誤。

梁氏《旁證》曰：陳校「民」，改「昏」。各本皆誤。

【疏證】

奎本以下諸六臣合注本、尤本悉作「放」、誤「民」。謹案：語見《漢書‧楊惲傳》張晏注正作「放」，《冊府元龜》卷九百三、卷九百三十八注引並同。

此毛本獨因形近而誤，陳校當從《漢書》、尤本等正之。上諸《文選》本誤「昏」作「民」者，當緣奎本、尤本所見本「昏」壞字而誤，毛本當從尤本等而不能正爾。陳校則從《漢書》正之。

憚幸有餘力

【陳校】

「力」，「祿」誤。

【集說】

孫氏《考異》曰：「力」。善本作「祿」，五臣作「力」。

梁氏《旁證》曰：六臣本「祿」作「力」。

姚氏《筆記》曰：「力」改「祿」。

胡氏《箋證》曰：《漢書》「力」作「祿」，六臣本作「祿」。按：作「祿」是也。五臣本下「方」字，誤作「力」，遂削「祿」字，後人因以亂善耳。

許氏《筆記》曰：「餘力」。「力」，一作「祿」。嘉德案：六臣本作「祿」，云：五臣作「力」。今各本作「力」，沿五臣之舊耳。《漢書》作「祿」。

黃氏《平點》曰：「憚幸有餘祿」句。「祿」，別本作「力」，非也。

【疏證】

五臣正德本及陳本同，奎本、明州本亦同，而有校云：善本作「祿」。贛本、建本作「祿」，校云：五臣本作「力」。尤本作「祿」。謹案：《漢書‧楊惲傳》作「祿」，《藝文類聚》卷二十六、《冊府元龜》卷九百三引、《古今合璧事類備要》續集卷四十「孫會宗與楊惲書」注引、《文章正宗》卷十五「司馬遷《答任安書》」注引並同。善「祿」、五臣「力」，毛本蓋以五臣亂善，陳校當從《漢書》、尤本等正之。

眾毀所歸　注：言處下流，為眾惡毀所舉。

【陳校】

注「所舉」。「舉」，「歸」誤。

【集說】

胡氏《考異》曰：何校「舉」改「歸」。陳曰云云。是也，各本皆誤。

梁氏《旁證》同胡氏《考異》。

【疏證】

奎本以下諸六臣合注本、尤本悉同。謹案：「舉」有「行」、「行動」義。《周禮・地官・師氏》：「凡祭祀、賓客、會同、喪紀、軍旅，王舉則從」鄭玄注「舉，猶行也。」賈公彥疏：「王舉者，舉，行也。此數事，王行之時，師氏則從也。」言憚身處下流，則所行為眾惡所毀也。善自作「舉」，於義本通。毛本當從尤本等，陳、何必以正文、翰注（翰曰：「我在下流之中，眾人毀聲所歸」。）亂善，恐非也。

明明求財利　注：《漢書》：董仲舒對策曰：夫皇皇求財初，常恐匱乏者，庶人之意也。

【陳校】

注「求財初」。「初」，「利」誤。

【疏證】

奎本以下諸六臣合注本、尤本悉作「利」。謹案：語見《漢書・董仲舒傳》，正作「利」字。《文章正宗》卷七「董仲舒對賢良策三」引同。今但觀正文作「利」及注下文「皇皇求仁義，常恐不能化人者，大夫之意也」句，亦足可證作「利」是也。毛本獨傳寫而誤，陳校當從正文、《漢書》、尤本等正之。

夫西河魏土……有段干木、田子方之遺風　注：《史記》：李克謂翟璜曰：魏成子東得子夏、田子言、段干木。

【陳校】

注「田子言」。「言」，「方」誤。

【疏證】

奎本以下諸六臣本、尤本悉作「方」。謹案：事見《史記・魏世家》，作「田子方」。《韓詩外傳》卷三作「魏成子……以聘約天下之士，是以得卜子夏、田子方、段干木，此三人君皆師友之」云云，事又見《說苑・臣術》並作「方」。《淮南子・泰族篇》「李克竭股肱之力」高注引亦作「方」。其實，但觀正文，亦知作「方」是也。毛本傳寫偶誤，陳校當從正文、《史記》、尤本等正之。

昆夷舊壤　注：《毛詩》曰：文王西有昆夷之患。

【陳校】

　　注「《毛詩》」下，脫「序」字。

【集說】

　　胡氏《考異》曰：注「《毛詩》曰。」陳曰：「『詩』下，當有『序』字。」是也，各本皆脫。

　　梁氏《旁證》曰：陳校「詩」下添「序」字。各本皆脫。

【疏證】

　　奎本以下諸六臣合注本、尤本悉脫。謹案：語見《毛詩注疏・小雅・采薇序》。本書潘安仁《關中詩》「西患昆夷」注引亦有「序」字。毛本傳寫偶脫，陳校無煩披《毛詩注疏》、本書內證等，應手可補焉。

豈習俗之移人哉　注：而移人性之本者哉

【陳校】

　　注「而移人性之本者哉。」「性」字衍、「者」，「性」誤。

【疏證】

　　尤本「性」字在「本」字下。奎本以下諸六臣合注本作「而移人之本性哉。」謹案：尤本當別有所出，與六臣合注本無妨兩存焉。毛本當從尤本而傳寫有誤，陳校則從贛本等正之爾。

論盛孝章書一首　孔文舉

孔文舉　注：虞預《會稽典錄》曰：盛憲，……吳郡太定。孫策平定吳會，誅其英豪……初，憲與少府孔融善，憂不免禍，乃與曹公書。

【陳校】

　　注「吳郡太定」。「定」，「守」誤。「憂不免禍」，「不」上脫「其」字。按：《會稽典錄》曰：「初，盛憲為臺郎。路逢童子，容貌非常。憲怪而問之，答曰：『魯國孔融。』時年十餘歲，憲以為異，乃載歸。與之言，知其奇才，便結為兄弟，升堂見親也。」以上出李周翰注。特節錄之，以補善注之缺。

【集說】

余氏《音義》:「善憂」下,何增「其」字。

【疏證】

奎本以下諸六臣合注本、尤本悉作「守」、有「其」字。謹案:《吳志·孫韶傳》引《會稽典錄》、施宿等《會稽志》「善」字下,咸作「融憂其不免禍。」毛本傳寫而有譌、奪,陳、何校蓋從尤本等補,然仍脫一「融」字。陳校兼補善注之闕,然以翰注補其闕,未必合李善初衷。

諸候有相滅亡者……則桓公恥之　注:《公羊傳》曰:刑亡,孰亡之?

【陳校】

注「刑亡」。「刑」,「邢」誤。

【集說】

余氏《音義》:「刑亡」。「刑」,何改「(形)〔邢〕」。

【疏證】

奎本以下諸六臣合注本、尤本悉作「邢」。謹案:事見《春秋公羊傳注疏·僖公元年》,正作「邢」,元·郝經《續後漢書·盛憲傳》「桓公不能救,則桓公恥之」注引「原注」,亦作「邢」。毛本獨因音近傳寫而誤,陳校當從《公羊傳》、尤本等正之。

九牧之人所共稱歎　注:《孫卿子》曰:此其所以伐殷王而受九牧也。

【陳校】

注「伐殷」。「伐」,「代」誤。

【集說】

胡氏《考異》曰:注「此其所以伐殷王。」陳曰云云。是也。各本皆譌。

梁氏《旁證》曰:陳校「伐」改「代」。各本皆誤。

許氏《筆記》曰:注「此其所以伐殷王而受九牧也。」嘉德案:「伐」,當作「代」。陳曰云云。胡曰:「是也」云云。今正。

【疏證】

奎本以下諸六臣合注本、尤本悉同。謹案:語見《荀子·解蔽篇》,正作

「代」。宋·胡宏《皇王大紀·赧王》引《荀子》亦同。毛本當誤從尤本等，陳校當從《荀子》正之。

燕君市駿馬之骨　注：《戰國策》：郭隗謂燕昭王曰：將市於他國，求至而千里之馬已死。

【陳校】

　　注「求至」。「求」，「未」誤。

【集說】

　　余氏《音義》：「求至」。「求」，何改「未」。

【疏證】

　　奎本以下諸六臣合注本、尤本悉作「未」。謹案：郝經《續後漢書·盛憲傳》注亦作「未」。檢今本《戰國策·燕策一》，並無此語，而作「涓人言於君曰：『請求之。』君遣之，三月得千里馬，馬已死，買其首，」《新序·雜事》同。陳、何校當據尤本等。毛本用「求」字，與《燕策》「請求之」字相應，或亦別有出處，不改亦得。

為幽州牧與彭寵書一首　朱叔元

朱叔元　注：范曄《後漢書》曰：朱浮，字叔元……遷偏將軍。……及王莽時，故吏三千石，皆引幕府，……漁陽太守以為天下未定，……不從其令。將密奏寵遣吏迎妻，而不迎其母……（寵）舉兵攻浮。浮以書責之。

【陳校】

　　注「徧將軍」。「徧」，「偏」誤。「故吏三千石」。「三」，「二」誤。「皆引幕府」。「引」下脫「置」字。「漁陽太守」下，脫「彭寵」二字。「將密奏」。「將」，「浮」誤。

【集說】

　　余氏《音義》：「皆引」下，何增「（注）［置］」字。「太守」下，何增「彭寵」二字。

　　胡氏《考異》曰：注「漁陽太守」。何校「守」下添「彭寵」二字，陳同。

是也，各本皆脫。

梁氏《旁證》同胡氏《考異》。

姚氏《筆記》曰：注「守」下脫「彭寵」二字。

【疏證】

奎本、明州本、贛本、尤本作「偏」、「二」、有「置」字、脫「彭寵」、作「浮」。建本最是，有「彭寵」字，其餘同上諸本。謹案：語見《後漢書‧朱浮傳》，作「偏」、「二」、有「置」字、有「彭寵」字、作「浮」。《冊府元龜》卷一百三十四引作「偏」。晉‧袁宏《後漢紀‧光武皇帝紀》作「二」、有「置」字。「漁陽太守」作「寵」。毛本從尤本等，而傳寫多脫誤，陳、何校當從《後漢書》及參尤本等正之。

愚者逆時而動

【陳校】

「時」，「理」誤。

【疏證】

諸《文選》本悉作「理」。謹案：語見《後漢書‧朱浮傳》，正作「理」，《記纂淵海》卷五十六引同。今據上文「智者順時而謀」，已用「時」字，亦可知重出非也。毛本傳寫涉上文而誤，陳校則從《後漢書》、尤本等正之。

伯通以名字典郡　注：《漢書》曰：陳遵、劉竦，俱著名字。

【陳校】

注「劉竦」。「劉」，「張」誤。

【集說】

胡氏《考異》曰：注「陳遵、劉竦。」陳曰云云。是也，各本皆誤。

梁氏《旁證》曰：陳校「劉」改「張」。各本皆誤。

【疏證】

奎本以下諸六臣合注本、尤本誤悉同。謹案：事見《漢書‧游俠傳》，正作「張竦」。《方言》十三「張伯松不好雄賦頌之文」郭璞注、《北堂書鈔》卷六十八「極輿馬之好」注引並作「張竦」。《後漢書‧朱穆列傳》「漢興，稱王陽、貢禹、陳遵、張竦」章懷注：「《前書》曰：『陳遵，字孟公，杜陵人也。

張竦，字伯松」云云。毛本當誤從尤本等，陳校當從《漢書》等正之。此可見陳以史校《選》之工力。

匹夫媵母，尚能致命一飱　注：《左氏·宣公二年傳》曰：（靈輒）請以遺，使盡之。而為之軍食與肉。既而，與為公介。靈公比以趙盾驟諫，伏甲將攻殺之。

【陳校】

　　注「為之軍食」。「軍」，「簞」誤。「靈公比以」。「比」字，衍。

【疏證】

　　奎本以下諸六臣合注本、尤本悉作「簞」、衍「比」。謹案：事見《春秋左傳注疏·宣公二年》正作「簞」字。《太平御覽》卷四百八十六、卷七百六十、卷九百五十五，凡三引《左傳》並同。檢《左傳》原文作：「（靈公）猶不改，宣子驟諫。公患之……飲趙盾酒，伏甲將攻之」云云，今作「靈公以趙盾驟諫」，乃李善節取語。顯然，不會有「比」字。毛本獨因形近誤「軍」，衍「比」則誤從尤本等耳。陳校當從《左傳》、上下文義正之。

行步起拜

【陳校】

　　「起拜」二字，當乙。

【集說】

　　許氏《筆記》曰：「起拜」，當作「拜起」。嘉德案：六臣茶、袁本作「拜起」。

【疏證】

　　諸《文選》本悉作「拜起」。謹案：五臣亦作「拜起」，濟注可證。《後漢書》本傳正作「拜起」，《藝文類聚》卷二十五引同。毛本獨倒，陳校當從贛、尤二本等正之。

伯通與耿俠游　注：范曄《後漢書》曰：吳漢說寵……子曰：（耿）況，字俠遊。

【陳校】

　　注「子曰」。「子」，「又」誤。

【疏證】

　　奎本以下諸六臣合注本、尤本悉作「又」。謹案：「吳漢」云云，語在《後漢書·彭寵傳》，「（耿）況」，則見同書《耿弇傳》。銜接兩者，固當作「又曰」。毛本獨因形近而誤，陳校當從《後漢書》、尤本等正之。

奈何以區區漁陽而結怨天子　注：《公羊傳》曰：以區區之宋，猶有不欺之臣。

【陳校】

　　注「以區區之宋」。「以」上，脫「司馬子反謂楚王曰」八字。

【集說】

　　姚氏《筆記》曰：注「《公羊傳》曰」。按：「傳」下脫「司馬子反謂楚王曰」八字。

【疏證】

　　奎本以下諸六臣合注本、尤本悉有「司馬子反謂楚王曰」八字。謹案：語見《春秋公羊傳注疏·宣公十五年》，作「司馬子反曰」。「謂楚王」三字，蓋善據上下文加。是也。《後漢書·王望》「昔華元、子反，楚、宋之良臣」，章懷注引《公羊傳》亦作「（司馬）子反曰。」毛本傳寫獨脫八字，陳校當從《公羊傳》、尤本等補之。

長為群后惡法，永為功臣鑒戒　注：戒本云：永為羣后惡法，今檢范曄《後漢書》有此一句。

【陳校】

　　注「戒本云」。「戒」，「或」誤。「云」，疑當作「無」。

【集說】

　　孫氏《考異》曰：注「或本云『永為群后惡法。』今檢范曄《後漢書》有此一句」。金甡云：「按此，則《文選》舊本有缺此一句者。後人因此注，遂俱添足。」

　　胡氏《考異》曰：注「或本云：永為羣后惡法。今檢范曄《後漢書》有此一句」。何校「云」改「無」。陳云：「云，疑當作無。」謹案：何、陳所說非也。「一」當作「二」，各本皆誤。「或本云：永為群后惡法」者，謂正文二句，

本或作如此一句也。「今檢范曄《後漢書》有此二句」者，謂其與「或本云」者不合，而與正文合也。正文不云「永為群后惡法」，不得如何、陳所改作「或本無」。甚明。

　　梁氏《旁證》曰：胡公《考異》曰云云。

【疏證】

　　奎本以下諸六臣合注本、尤本悉作「或本云」。謹案：因傳寫文本有譌，陳、何誤解善注，前胡《考異》破陳、何改「無」之舉，是。當由金姓說啟發爾。毛本蓋涉下文而獨誤作「戒」，陳校依尤本等正之，是。

為曹洪與魏文書一首　　陳孔璋

題：魏文書

【陳校】

　　「文」下，脫「帝」字。

【疏證】

　　諸《文選》本悉有「帝」字。謹案：《北堂書鈔》卷一百十七「奔兒之觸魯縞」注、《九家集注杜詩・贈司空王公思禮》「童稚刷勁翮」注、又同書《畫鷹》「何當擊凡鳥」注引陳《書》並有「帝」字。毛本傳寫獨脫，陳校當從尤本等補之。

陳孔璋　　注：《文帝集・序》曰：觀其辭，如陳琳所敘為也。

【陳校】

　　注「如陳琳」。「如」，「知」誤。

【集說】

　　胡氏《考異》曰：注「如陳琳所敘為也。」何校「如」改「知」，陳同。是也，各本皆譌。

　　梁氏《旁證》同胡氏《考異》。

　　許氏《筆記》曰：嘉德案：「孔璋」下注「如陳琳所敘為也。」「如」，當作「知」。何校改「知」，陳同。是也，各本皆譌。

【疏證】

明州本、尤本誤同。奎本、贛本、建本作「知」。謹案：毛本當誤從尤本，陳校當從贛本等正之。五臣向注作「知」，可為陳、何校佐證。

一夫揮戟，萬人不得進

【陳校】

「夫」、「人」二字，當乙。

【集說】

余氏《音義》曰：善本「夫」作「人」、「人」作「夫」。

【疏證】

五臣正德本、陳本同，奎本以下諸六臣合注本亦作「夫」、「人」。而「夫」下，校云：善本作「人」；「人」下，校云：善本作「夫」。尤本作「人」、「夫」。謹案：本書張夢陽《劍閣銘》「一人荷戟，萬夫趦趄」注引陳《書》上下並作「人」；《記纂淵海》卷六十一「一夫揮戟，萬夫不得進」注「《選·陳孔璋書》」上下並作「夫」，皆非也。毛本當誤從六臣合注本，陳校當從尤本正之。

奔兒之觸魯縞 注：《漢書》：韓安國曰：強弩之末，力不能穿魯縞。《音義》曰：縞，曲阜之地，俗善作之。既皆輕細，故以喻之。

【陳校】

注「既皆輕細。」「既皆」，當作「尤為」。

【集說】

余氏《音義》曰：「既皆」下，何改「尤為」。

胡氏《考異》曰：注「既皆輕細。」茶陵本「既皆」作「尤為」，是也。袁本作「既無」，亦非。

梁氏《旁證》曰：六臣本「既皆」作「尤為」，是也。

【疏證】

尤本誤同。奎本、贛本、建本作「尤為」。明州本作「既無」。謹案：《漢書·韓安國傳》「彊弩之末，力不能入魯縞」，師古注亦作「尤為」，《冊府元龜》卷九百八十八注、宋·楊侃《兩漢博聞·魯縞》注、《文章正宗》卷九《韓安國王恢議擊匈奴》注引並同。毛本當誤從尤本，陳、何校當從《漢書》、贛

本等正之。

雖云王者之師，有征無戰，不義而彊，古今常有　注：《漢書》：淮南王安尚書曰：臣聞天子之兵，有征無戰。

【陳校】

注「古今常有。」「今」，「人」誤。又注「尚書」，當作「上書」。

【疏證】

尤本作「人」。五臣正德本、陳本作「今」，奎本、明州本同，有校云：善本作「人」。贛本、建本作「人」校云：五臣本作「今」。上《文選》諸本悉作「上書」。謹案：觀下文「故唐虞之世，蠻夷猾夏；周宣之盛，亦讐大邦」云云，亦以善作「人」為得。毛本作「今」，是以五臣亂善，陳校當從尤本及六臣合注本校語，是也。劉安上書，事見《漢書·嚴助傳》，正作「淮南王安上書諫曰」云云。本書鍾士季《檄蜀文》「王者之師」注引亦作「上書」。毛本獨因音近而誤，陳校當從本書內證、《漢書》、尤本等正之。

苗扈所以斃　注：《尚書》：帝曰：咨禹，惟時有苗弗卒。

【陳校】

注「有苗弗卒」。「卒」，「率」誤。

【疏證】

奎本以下諸六臣合注本、尤本悉作「率」。謹案：語見《尚書注疏·大禹謨》，正作「率」字。本書曹子建《七啟（鏡機子曰予聞）》「惠澤播於黎苗」注、陳孔璋《檄吳將校部曲文》「則洞庭無三苗之墟」注引並作「率」。毛本傳寫偶誤，陳校當從本書內證、《尚書》、尤本等正之。

孟津有再駕之役　注：《書》曰：惟十有一年，武王克殷。又曰：一月戊午，師渡孟津。

【陳校】

注「克殷」。「克」，「伐」誤。「又曰」二字，衍。

【集說】

胡氏《考異》曰：陳云：「克，伐誤。」是也，各本皆誤。

梁氏《旁證》曰：「《尚書》」下當有「序」字。陳校「克」改「伐」。

【疏證】

奎本以下諸六臣合注本、尤本二處並同。謹案：事見《尚書注疏・泰誓序》，作「伐」。《玉海・文王改元》亦有「序」字、作「伐」。正文下，緊承《傳》云：「一月戊午」云云，則其間不得增「又曰」字，明甚。本書陳孔璋《檄吳將校部曲陳孔璋》「孟津之退也」注、史孝山《出師頌》「昔在孟津」注引並作「伐」。毛本傳寫獨誤作「克」。作「又曰」，則誤從尤本等耳。陳校當從《尚書》、本書內證等正之。

宮奇在虞　注：《左氏傳》曰：宮之奇諫曰：脣亡齒寒，虢之謂乎？

【陳校】

注「虢之謂乎？」「虢」上，脫「其虞」二字。

【集說】

姚氏《筆記》同陳校。

【疏證】

奎本以下諸六臣本、尤本悉有「其虞」二字。謹案：語見《春秋左傳注疏・僖公五年》，正有「其虞」二字，《太平御覽》卷三百三、卷三百六十七、《文章正宗》卷四等引、本書王仲宣《贈士孫文始》「比德車輔」注引，並有此二字。毛本傳寫偶脫，陳校當從本書內證、《左傳》、尤本等正之。

季梁猶在　注：《左氏傳》曰：小國離，楚之利也。請羸師以張之。

【陳校】

注「請羸師」。「羸」，「贏」誤。

【疏證】

奎本以下諸六臣合注本、尤本悉作「贏」。謹案：語見《春秋左傳注疏・桓公六年》，正作「贏」。古文獻傳寫於「羸」、「贏」、「嬴」三字多見通用。說參上任彥昇《為齊明帝讓宣城郡公第一表》「太祖高皇帝篤猶子之愛」條。陳校非。

攄八陣之列，騁奔牛之權　注：《史記》曰：城中鼓譟從之……齊人追亡遂北，……齊七千餘城，皆復為齊。

【陳校】

注「鼓譟從之」。「譟」，「噪」誤。「追亡遂北」。「遂」，「逐」誤。「齊七千餘城」。「千」，「十」誤。

【集說】

余氏《音義》：「鼓譟」。「譟」，何改「噪」。

【疏證】

奎本以下諸六臣合注本、尤本悉作「噪」、「逐」、「十」。謹案：事見《史記‧田單列傳》，字作「譟」、「逐」、「十」，《通志‧田單傳》、《冊府元龜》卷三百六十一、卷三百九十九並同。毛本誤「遂」、「千」，皆獨因形近傳寫而誤，陳、何當從《史記》、尤本等正之。作「譟」，則有說。今本《史記》正作「譟」。《資治通鑑‧周紀‧赧王中》同。檢《廣韻‧號韻》：「噪，同譟。」《左傳‧文公十三年》：「既濟，魏人譟而還。」《呂氏春秋‧侈樂》：「為絲竹歌舞之聲，則若譟。」《北堂書鈔》卷一百十六「束刃牛角」注引亦作「譟」，皆其驗。然則，陳、何不改亦得。

怪乃輕其家丘　注：《邴原別傳》曰：原遊學詣孫（菘）〔崧〕。（菘）〔崧〕曰：君以鄭君而舍之，以鄭君為東家丘也。

【陳校】

注引《邴原別傳》。按：「家丘」必更有出處，孔璋時，《邴原別傳》尚未出也。又「君以鄭君」。「以」，「知」誤。

【集說】

黃氏《平點》曰：「家丘」。不當引《邴原別傳》為證。孫崧之去孔璋亦未遠也。

【疏證】

奎本以下諸六臣合注本、尤本同。謹案：事見《魏志‧邴原傳》「太祖征吳，原從行」裴注引《邴原別傳》。略云：「（邴原）詣安丘孫崧。崧辭曰：『君鄉里鄭君，君知之乎？』原答曰：『然』。崧曰：『鄭君學覽古今……誠學者之

師模也。君乃舍之，躡屣千里。所謂以鄭為東家丘者也。君似不知，而曰然者何？』原曰：『先生之說，誠可謂苦藥良鍼矣，然猶未達僕之微趣也……君謂僕以鄭為東家丘，君以僕為西家愚夫邪？』」按之《別傳》上下文義，作「知」義為勝。奎本、尤本等不能知矣。毛本當從尤本等。陳疑「家丘」必更有出處，亦是。今考袁宏《後漢紀・孝靈皇帝紀》：「石雲考從容謂宋子俊曰：『吾與子不及郭生，譬諸由賜不敢望回也。今卿言稱宋郭，此河西之人疑卜商於夫子者也。若遇曾參之詰，何辭以對乎？』子俊曰：『魯人謂仲尼東家丘，蕩蕩體大，民不能名，子所明也。陳子禽以子貢賢于仲尼，淺見之言，故然有定邪？』云云。按袁宏（328～376），晉成帝時人，早於裴松之（372～451）四十餘年。已有「東家丘」之說。足為陳疑佐證。然此乃論善注之當否，亦非關校勘者也。

夫騄驥垂耳於坰牧　注：《爾雅》曰：野外謂之林，林外謂之坰。

【陳校】

注誤以「《周禮》有牧田」五字屬下文。

【集說】

胡氏《考異》曰：「夫騄驥垂耳於林坰。」案：「林坰」，當作「坰牧」。袁本、茶陵本作「坰牧」，校語云：善有「林」字、無「牧」字。善引《周禮》以注「牧」作「坰牧」，與五臣無異，甚明。各本所見皆非也。尤本又割「《周禮》有牧田」一句入下節，益非。二本此注通為一節，固未誤也。

梁氏《旁證》曰：六臣本「林坰」作「坰牧」。案：李注引《爾雅》注「坰」字，引《周禮》注「牧」字，與良注「坰牧，野外」無異。尤本割注中「《周禮》有牧田」五字入下節，遂不可通。六臣本通為一節，固不誤也。

姚氏《筆記》曰：「鴻雀戢翼於污池」注「《周禮》有牧田」。按：五字當接上注「林外謂之坰」下。

【疏證】

奎本以下諸六臣合注本正文作「坰牧」，注「於」下校云：善本有「林」字；「牧」下校云：善本無「牧」字。尤本獨正文誤作「林坰」，復以注「《周禮》有牧田」五字，誤屬下文「鴻雀戢翼於污池」注。前胡說是，五臣作「坰牧」，良注可證。五臣正德本及陳本正作「坰牧」。毛本文從五臣，注「《周禮》

有牧田」五字繫下文，蓋誤從尤本耳。本書應休璉《與從弟君苗君冑書》「郊牧之田」注引《爾雅》亦有「《周禮》有牧田」五字。陳校當從本書內證、尤本等補之，因毛本正文不誤，故不能如前胡正尤本正文之誤及論斷「各本所見皆非也」。

假足於六駁哉　注：《毛詩》曰：鴥有六駁。毛萇曰：駁如馬，倨牙，食虎豹。

【陳校】

注「倨牙」。「倨」，「鋸」誤。

【集說】

顧按：「倨」字不誤。此《晨風》傳也，亦見《爾雅》。

【疏證】

奎本、明州本、尤本、建本同。贛本獨作「鋸」。謹案：語見《毛詩注疏·秦風·晨風》，傳作「倨」字。疏云：「郭璞引《山海經》云：『有獸名駁，如白馬。黑尾，倨牙，音如鼓，食虎豹』」，《後漢書·馬融傳》「若夫鷙獸毅蟲，倨牙黔口」注、本書馬融《廣成頌》「倨牙黔口」注引《爾雅》並作「倨」。《周易注疏·說卦》：「乾……為駁馬」孔疏：「言此馬有牙如鋸，能食虎豹。《爾雅》云：『倨牙食虎豹。』此之謂也。」阮元校勘記：「閩、監、毛本倨，作鋸。」《說文·馬部》：「駁，獸。如馬，倨牙，食虎豹。」並「倨」與「鋸」通之證。毛本當從尤本等，陳校則從贛本，然不知「倨」與「鋸」通耳。

必大噱也　注：《漢書》曰：趙季諸侍中，皆談笑大噱。

【陳校】

注「趙季」。「季」，「李」誤。

【疏證】

奎本以下諸六臣合注本誤同，尤本作「李」。謹案：語見《漢書·敘傳》正作「李」。荀悅《前漢紀·孝成》、《冊府元龜》卷三百四同。趙，指趙飛燕、李謂李平。不得作「季」，亦明矣。本書《蜀都賦》「引滿相罰」注引亦作「趙李」。毛本當誤從建本等，陳校當從《漢書》、本書內證、尤本等正之。

文選卷四十二

為曹公作書與孫權一首　　阮元瑜

題下注：《吳書》曰：孫策初……周瑜、魯肅諫權曰：承文兄餘資，廉六郡之眾……望得來同事漢也。

【陳校】

　　注「承文兄餘資」。「承」上，脫「將軍」二字。「文」，「父」誤。「廉」，「兼」誤。

【集說】

　　胡氏《考異》曰：「《吳書》曰：孫策」下至「望得來同事漢也」，案：此一節注恐非善舊。各本皆同，無以訂之。

　　姚氏《筆記》曰：注「承文兄餘資。」按：「承」上，脫「將軍」二字。

【疏證】

　　奎本以下諸六臣本、尤本悉有「將軍」、作「父」、「兼」。謹案：此節注，不見今本《吳志》，而「將軍承父兄餘資，兼六郡之眾，兵精糧多」數語，則最早見於《資治通鑒・漢紀・孝獻皇帝已》，又善引《三國志》例稱「吳志」，不作「書」（下條即可證），此皆前胡疑其「非善舊」之由。毛本當從尤本等而又有傳寫之誤，此亦陳校不免前胡「斷斷於片言隻語」之譏例。

離絕以來……恩情已深　注：《吳志》曰：（曹公）欲撫之。乃以弟女配策小弟匡，又為子彰取賁女皆禮。辟策弟權、翊。又命揚州刺史嚴象舉茂不。

【陳校】

注「皆禮辟」。「皆」字，衍。又「舉茂不」。「不」，「才」誤。

【集說】

胡氏《考異》曰：注「舉茂才」。案：「舉」下當有「權」字，各本皆脫。梁氏《旁證》同胡氏《考異》。

【疏證】

奎本、明州本、贛本、尤本有「皆」、作「才」、脫「權」字。建本無「皆」字，餘同贛本等。謹案：事見《吳志・孫策傳》，正有「皆」、作「才」、有「權」字。曹有嫁女，複有娶女事，固當有「皆」字。陳校謂「皆」字衍，非是，蓋不知「皆禮」即「皆如禮」，當斷句屬上爾。今坊本《三國志》亦誤以「皆禮」屬下。前胡祗補「權」字，不言「皆」字，良有以也。毛本從尤本等，有「皆」、脫「權」；獨因形近而誤「不」。陳校能正「不」，卻未能如前胡補「權」，不悟若不補「權」，則「又命」句注，頓成無的之矢，縱正「不」字何益？

違異之限　注：心既忿恨，意不自安

【陳校】

「限」，「恨」誤。

【疏證】

諸《文選》本咸作「恨」。謹案：善本作「恨」，據注已明，五臣亦作「恨」，銑注可證。毛本獨因形近而誤，陳校當從尤本等正之。

盧綰嫌畏於已隙　注：《漢書》曰：漢既斬豨。

【陳校】

注「既斬豨」。「豨」，「豨」誤。

【疏證】

奎本以下諸六臣本、尤本悉作「豨」。謹案：事見《漢書・盧綰傳》，正作

「豨」，《通志・盧綰傳》、《太平御覽》卷一百九十八引同。毛本獨因形近而誤，陳校當從《漢書》、尤本等正之。

昔蘇秦說韓，羞以牛後　注：《戰國策》：……臣聞鄙諺曰：寧為雞口，不為牛後。今西面交臂而臣事秦，何以異於牛後也。……延叔堅《戰國策注》曰：尸，雞中王也；從，牛子也。從或為後，非也。

【陳校】

據注云「從，或作後。非。」則正文中「後」字當作「從」。注兩「牛後」並同。又「寧為雞口」。「口」，當作「尸」。

【集說】

孫氏《考異》曰：「羞以牛後。」後，何校改「從」。

顧按：詳《顏氏家訓》。

胡氏《考異》曰：「羞以牛後」。何校「後」，改「從」。陳云：「據注，則正文中後字，當作從。」案：何、陳所校是也。袁、茶陵二本所載五臣向注作「後」。各本皆以之亂善，而失著校語。《史記》傳寫譌為「後」，今本《國策》亦然，故五臣改「從」為「後」耳。

梁氏《旁證》曰：何校「後」，改「從」。陳同。按依注當作「從」，向注作「後」耳。《顏氏家訓・書證篇》云：「《太史公記》：『寧為雞口，無為牛後。』」此是刪《戰國策》耳。按延篤《戰國策音義》曰：『尸，雞中之主。從，牛子。』然則，口，當為尸，後，當為從，俗寫誤也。《史記索隱》及羅願《爾雅翼》、沈括《筆談》並從之。惟何孟春《餘冬序錄》謂：「凵、後韻叶。古語自如此。」吳師道《戰國策校注補》引《正義》云：「雞口雖小，乃進食，牛後雖大，乃出糞」，皆與古訓異，恐不可從。

胡氏《箋證》曰：今《韓策》作「寧為雞口，不為牛後。」姚曰：「《顏氏教訓》引作『雞尸牛從。』」鮑曰：「沈括辨以為『雞尸牛從。』」紹煐按：諸說俱以為「雞尸牛從」。依注引延篤注，則善亦當同。然諺語無不協者，「尸」與「從」非韻。「口」古音苦，「後」古音尸。「口」與「後」正為韻。《漢書・溝洫志》「池陽谷口」與下「白渠起後」韻，《易林・臨之坎》「人面九口」與「殷商絕後」韻，並可證。何孟春《餘冬序錄》謂：「口、後韻協，古語自如此。」是也。「口」與「尸」、「後」與「從」，形近之誤。

許氏《筆記》曰：「牛後」，依注作「牛從」。李先引《國策》，後引延叔

堅注兩證之，而以「從，或為後」為非，所注甚明。今作「牛後」，妄人改之也。《唐志》：「《戰國策》三十二卷。高誘注。《延篤論》一卷。」嘉德案：何校作「牛從」，陳同。據注「從，或為後，非也」，則正文作「從」，甚明。乃注中二「從」字皆譌作「後」，當並正。五臣向注乃作「後」，今本正文作「後」，沿五臣而誤耳。又考《史記·蘇秦傳》曰：「臣聞鄙諺曰：『寧為雞口，無為牛後。』」《索隱》曰：「案《戰國策》云：『寧為雞尸，不為牛從。』」延篤注曰：「尸，雞中主也。從，謂牛子也。言『寧為雞中之主，不為牛之從後也。』」蓋引《國策》以證作「口」、作「從」之誤也。而《正義》曰：「雞口雖小猶進倉，牛後雖大乃出糞也。」然則，本有二說。此李注自作「尸」、作「從」，今本《史記》或作「口」、「後」。胡曰：「傳寫譌。今本《國策》亦然。」

黃氏《平點》據注「後」改「從」，曰：「今《史記》亦譌，當依此注。」

【疏證】

諸《文選》本正文咸作「牛後」。奎本以下諸六臣合注本、尤本善注皆作「雞尸」、「牛從」。謹案：五臣作「口」、「後」，向注可證。依善注「從，或為後，非也」之說，則善正文作「從」、依善引延篤說，則注中二「後」必為「從」、「口」必為「尸」，是無容置疑者。毛本就五臣以亂善，陳、何校蓋從六臣合注本、尤本善注正之，誠是。胡氏《考異》及諸家肯定陳、何校者，是也。明·張萱《疑耀·雞口牛後之誤》曰：「蘇秦說韓：『寧為雞口，無為牛後。』今本《國策》、《史記》皆同。惟《爾雅翼·釋獸篇》：『寧為雞尸，無為牛從。』尸，主也。一羣之主，所以將眾者。從，從物者也，隨羣而往，制不在我矣。此必有據，且於縱橫事相合。今本『口』字，當是『尸』字之誤，『後』字，當是『從』字之誤也。」張辨實從延篤《音義》、《史記索隱》、羅願《爾雅翼》、沈括《筆談》一路而來，其說辨而切要。後胡既以「侯（後）」古音「尸」，而「從」為東韻，「尸」與「從」，便是侯、東對轉，然則，《箋證》亦不得謂「尸與從非韻」矣。

推而行之　注：《周易》曰：推而行之，存乎道。

【陳校】

注「存乎道。」「道」，「通」誤。

【疏證】

奎本誤同。明州本、贛本、尤本、建本悉作「通」。謹案：語見《周易注疏·繫辭上》，正作「通」，注云：「乘變而往者，无不通也。」「道」、「通」形近易誤，毛本或從誤本，陳校當從《周易》、尤本等正之。

以為老夫苞藏禍心　注：《左氏傳》：趙孟曰：老夫罪矣是懼焉。

【陳校】

注「老夫罪矣」。「矣」，「戾」誤。

【疏證】

奎本以下諸六臣合注本、尤本悉作「戾」。謹案：語見《春秋左傳注疏·昭公元年》，正作「戾」，《漢書·五行志》、《太平御覽》卷三百八十三引同。本書陳孔璋《為曹洪與魏文書》「故自竭老夫之思」、「老夫不敏未之前聞」二注引並作「戾」，《北堂書鈔》卷一百二十七「弁治民」注引同。毛本獨因形近傳寫而誤耳，陳校當從《左傳》、本書內證、尤本等正之。

荊土本非己分，我盡與君。冀取其餘，非相侵肌膚，有所割損也。思計此變，無傷於孤。何必自遂於此，不復還之　注：言荊州之土，非我所分，今盡以與君。實冀取其餘地耳。（又）言我尚冀君之餘地，何必荊州之土，不復還我哉？

【陳校】

「荊土本非己分」至「不復還之」。按此言自曹仁退軍，江陵入吳。因荊州本非己分，今已盡與君矣。君之所取，我之所餘，亦復何損？故繼云「思計此變，無傷於孤」也。「何必」二句，劉良注云：「權何必自遂於此，不復還悔初心。」此說是也。「遂」，猶言遂過耳。「還」者，即下文「回情」之謂也。

【疏證】

奎本、明州本、贛本、尤本並同，建本「何必荊州之土」，「土」傳寫譌「上」，餘亦同。謹案：此亦陳校據五臣注，以正善注之失。引劉良注以落實「遂」、「還」二字，似勝善注「言我尚冀君之餘地」云云。於此略可見陳校於五臣較為客觀、公允。祝氏《訂譌》以五臣注「義殊不明」，乃解曰：「己，曹操自謂。言荊州得之於劉琮，本非己物，故盡與吳，然因荊州遼廣，擬稍取其

餘地，故命曹仁留守江陵，並非侵犯吳本國之疆土，故曰：『非相侵肌膚』云云。」又曰：「『（思計）此變』者，謂赤壁之役也。『何必自遂於此，不復還之』者，謂留曹仁於江陵，相守歲餘，卒委城走也。」《文選學論集》，頁186。祝說與陳校大同而有小異，可備異聞。

往年在譙⋯⋯定江濱之民耳　注：《吳志》曰：初，曹公⋯⋯自盧江、九江、蘄春、廣陵〔戶〕十餘萬，皆東渡江。

【陳校】

　　注「盧江」。「盧」，「廬」誤。

【疏證】

　　奎本以下諸六臣合注本、尤本悉作「廬」。謹案：語見《吳志·孫權傳》，正作「廬江」，《冊府元龜》卷四百八十六、宋·李燾《六朝通鑑博議》卷一「曹操徙濱江州縣近內以避吳兵」引同。本書郭景純《江賦》「流九派乎潯陽」注引應劭《漢書注》曰：「江自廬江潯陽分為九也。《漢書》：『廬江郡有潯陽縣』云云，則凡辭連『潯陽』者，必為『廬江』，而非『盧江』也。本書陸佐公《石闕銘並序》「折簡而禽廬九」注云「廬，廬江；九，九江。二郡名也」，即其顯證。毛本當因音同形近偶疏，陳校無須據《吳志》、本書內證、尤本等，即據史地常識可應手而正之也。

魏豹不意　注：《漢書》曰：韓信⋯⋯襲安邑，魏王豹驚，張兵迎信。〔信〕遂虜豹而歸。

【陳校】

　　注「張兵迎信」。「張」，「引」誤。

【集說】

　　胡氏《考異》曰：注「張兵迎信」。陳曰云云。是也，各本皆誤。

　　梁氏《旁證》曰：陳校云云。各本皆誤。

【疏證】

　　奎本以下諸六臣合注本、尤本誤悉同。謹案：事見《漢書》、《通志·韓信傳》，正作「引」，《史記·淮陰侯列傳》、《長短經》卷九、《冊府元龜》卷三百四十、卷三百六十一引同，《資治通鑑·漢紀一·太祖高皇帝上之上》「以木罌

渡軍襲安邑」注引亦同。毛本獨因形近傳寫而誤，陳校當從尤本、史志等正之。

隗囂納王元之言　注：范曄《後漢書》曰：隗囂遣子徇詣闕，囂將士元說囂曰。

【陳校】

注「子徇」。「徇」，「恂」誤。「士元」。「士」，「王」誤。

【疏證】

奎本以下諸六臣合注本、尤本悉作「恂」、「王」。謹案：事見《後漢書‧隗囂傳》，正作「恂」、「王」字，《玉海》卷一百八十九同。本書徐敬業《古意詶到長史溉登琅邪城詩》「思開函谷丸」注引亦作「王」。毛本悉因形近而誤，陳校當從《後漢書》、本書內證、尤本等正之。

竇融斥逐張玄　注：范曄《後漢書》：竇融，行西河五大郡大將軍事。

【陳校】

注「西河五大郡」。上二字當乙，下三字衍。

【集說】

余氏《音義》曰：「西河」。何改「河西」。本注「西河」同。「五大」。「大」字，刪。

顧按：（下三字）非衍也。范《書》：「行河西五郡大將軍事」，謂武威，張掖，酒泉，敦煌，金城也。

胡氏《考異》曰：注「行西河五大郡大將軍事」。何校「西河」，改「河西」，下同。「五」下去「大」字。陳同。是也，各本皆誤。

梁氏《旁證》同胡氏《考異》。

【疏證】

奎本以下諸六臣合注本、尤本悉同。謹案：語見《後漢書‧竇融傳》，正作「河西」、「五郡」。袁宏《後漢紀‧光武皇帝紀》、《通志‧竇融傳》、《冊府元龜》卷三百七十、卷四百二十九並同。毛本倒「西河」、衍「大」字，悉誤從尤本等，陳、何校當從《後漢書》正之，然陳校「下三字衍」，非是。顧按、前胡《考異》說皆是。而針對陳「下三字衍」說，從顧按「非衍也」，復至《考

異》「五下去大字」，可見顧氏正陳之遞變。

又注：隗囂使辯士張玄遊說（西河）〔河西〕曰：下不失公佗。……光武賜融璽綬，為梁州牧。

【陳校】

注「不失公佗」。「公」，「尉」誤。「梁州牧」。「梁」，「涼」誤。

【集說】

余氏《音義》曰：「梁州」，「梁」，何改「涼」。

【疏證】

奎本以下諸六臣合注本、尤本悉作「尉」、「涼」。謹案：事見《後漢書‧竇融傳》，正作「尉」、「涼」，《通志‧竇融傳》、《冊府元龜》卷三百七十並同。毛本傳寫而誤，陳校當從《後漢書》、尤本等正之。

所謂小人之仁，大人之賊　注：《韓子》曰：行小忠，則大忠之賊也。

【陳校】

「大人之賊」。「人」，「仁」誤。

【集說】

余氏《音義》曰：「大人」。「人」，善作「仁」。

孫氏《考異》曰：「大人之賊。」善本作「大仁」。

梁氏《旁證》曰：六臣本「人」作「仁」。

許氏《筆記》曰：「大人之賊」。「人」，當作「仁」。嘉德案：茶陵本云：「善本作仁。」此作「人」，沿五臣舊耳。

【疏證】

五臣正德本、陳本同。奎本以下諸六臣合注本同，有校云：善本作「仁」。尤本作「仁」。謹案：「人」，與「仁」通。《呂氏春秋‧舉難》：「故君子責人則以人，責己則以義。」俞樾平議：「下『人』字當讀作『仁』。責人則以仁，與下文自責則以義正相對。」《穀梁傳‧莊公元年》：「接練時，錄母之變，始人之也。」王氏《述聞》：人之者，仁之也。」皆其證。然依銑注云：「言若海內之人以起兵甲，是害大仁道也」云云，則五臣本亦作「大仁」。又檢唐‧陸淳《春秋集傳微旨》卷中「五年春，晉侯殺其世子申生」即有：「古人云：『小

仁，大仁之賊也』」云。然則，善與五臣無別，上下二句之「人」字，並當作「仁」，於義為得，何況陸氏所謂古語也。

交州為君所執，豫章距命不承執事　注：《吳志》曰：孫輔字國儀。假節交州刺史，遣使與曹公相聞。事覺，權幽繫之，數歲卒。又曰：劉繇，字正禮。避亂淮浦。詔遣為揚州刺史。繇不敢之州，遂南保豫章。

【陳校】

按：孫輔之幽，其歲月無可攷。以書中前述在譙造舟事推之，蓋在建安十四年後也。當作此書時，適聞有此，故及之耳。若劉繇南保豫章，乃孫策初起江東，未定六郡以前事，與此時無涉。距命之言，蓋傳聞是郡新有內變也。李解未當。

【疏證】

奎本以下諸六臣本、尤本並同。謹案：此陳考史實以正李注「距命」之失。

與朝歌令吳質書一首　魏文帝

旅食南館　注：《儀禮》曰：尊士旅食于門。鄭玄注士。旅，眾也。

【陳校】

注「鄭玄注士」。「士」，「曰」誤。

【疏證】

奎本以下諸六臣合注本、尤本悉作「曰」。謹案：事見《儀禮注疏・燕禮》，「旅，眾也。」正是鄭注。按善注用語例，當作「曰」。作「士」者，毛本蓋傳寫涉上而誤。陳校當從《儀禮》、尤本等正之。

樂往哀來　注：《莊子》：仲尼曰：樂未一，哀又繼之。

【陳校】

注「樂未一」。「一」，「畢」誤。

【疏證】

奎本以下諸六臣本、尤本悉作「畢」。謹案：語見《莊子・知北遊》，作

「畢也」字，《後漢書·張衡列傳》「懼樂往而哀來」章懷注引《莊子》同。本書張平子《思玄賦》「懼樂往而哀來」注、謝玄暉《拜中軍記室辭隨王牋》「皋壤搖落」注引並作「畢也」。毛本傳寫而誤，陳校當從本書內證、《莊子》、《後漢書》、尤本等正之。

與吳質書一首　魏文帝

題下注：《典略》曰：初，徐幹、劉楨、應瑒、阮瑀……等與質，並見友於太子。

【陳校】

注「阮瑀」。「瑀」，「瑀」誤。

【疏證】

奎本以下諸六臣合注本、尤本悉作「瑀」。謹案：《魏志·王粲傳》「陳留阮瑀，字元瑜。」《太平御覽》卷二百四十九引《典略》亦曰：「阮瑀，字元瑜。」「瑀」，或「瑀」之俗寫，史容《山谷外集詩注·賦未見君子憂心靡樂八韻寄李師載》「新詩凌建安」注引《魏志·王粲傳》亦作「阮瑀元瑜」。此毛本好奇之癖所致，陳校當從史志、尤本等正之。

況及過之

【陳校】

「及」，「乃」誤。

【集說】

孫氏《考異》曰：「及」，潘（耒）校改「又」，何校改「乃」。

許氏《筆記》曰：「及」，何改「乃」。

【疏證】

五臣正德本、奎本、明州本、尤本作「乃」。贛本作「又」。五臣陳本、建本作「及」。謹案：《冊府元龜》卷四十作「乃」。《魏志·吳質傳》注亦作「乃」。作「及」、「又」，皆形近而譌。毛本當誤從建本、五臣陳本等，陳、何校當據《魏志》、尤本等正之。張溥《漢魏六朝百三家集·魏文帝集》同贛本作「又」，或是潘校所從。

而偉獨懷文抱質

【陳校】

「偉」下，脫「長」字。

【疏證】

奎本以下諸六臣合注本、尤本悉作「偉長」。謹案：下文「著《中論》二十篇」注引《文章志》曰「徐幹字偉長」，《魏志·王粲傳》、《冊府元龜》卷四十、卷二百六十引此《書》並有「長」字。可證必有「長」字。毛本傳寫偶奪，陳校無須披贛、尤二本等，但據下文應手可補耳。

妙絕時人　注：時人不能遂也。

【陳校】

注「不能遂」。「遂」，「逮」誤。

【疏證】

奎本以下諸六臣合注本、尤本悉作「逮」。謹案：毛本獨因形近而誤，陳校當從上下文義、尤本等正之。

惜其體弱，不足起其文　注：《典論·論文》曰：文以氣為主，氣之清濁有體。弱謂之體弱也。

【陳校】

注「有體弱」。「弱」上，脫「氣」字。

【集說】

胡氏《考異》曰：注「弱，謂之體弱也。」何校上「弱」上添「氣」字。陳同。是也，各本皆脫。

梁氏《旁證》曰：何校上「弱」上添「氣」字。陳同。

【疏證】

奎本以下諸六臣合注本、尤本悉同。謹案：《藝文類聚》引作：「文以氣為主。氣之清濁有體，不可力強而致」云，《初學記》卷二十一「本形」同。毛本從尤本等。「體」下數字蓋善注，陳、何據上下文意添「氣」字，亦是也。

與鍾大理書一首　魏文帝

貴重都城　注：《尹文子》曰：魏王立賜獻者于金。

【陳校】

　　注「于金」。「于」，「千」誤。

【疏證】

　　奎本以下諸六臣本、尤本悉作「千」。謹案：《尹文子・大道上》，正作「千」，《太平御覽》卷八百五引《尹文子》同。《事類賦》卷九「名重五都」注亦同。毛本獨因形近而誤，陳校當從《尹文子》、尤本等正之。

竊見玉書稱美玉，白如截肪，黑譬純漆，赤擬雞冠，黃侔蒸粟　注：王逸《正部論》曰：或問玉符。曰：赤如雞冠，黃如蒸粟，白如豬肪，黑如純漆，玉之符也。

【陳校】

　　注「王逸正部」。「正」，「玉」誤。「蒸粟」。「粟」，「栗」誤。

【集說】

　　葉刻：「王逸《正部論》」云云。何校：「正，改玉。《山海經》郭氏傳引此，謂之《王子靈符［應］》。栗與漆，協韻，非粟也。」

　　余氏《音義》曰：何「正」，改「玉」。曰：「《山海經》郭氏傳引此謂《王子靈符應》」。

　　汪氏《權輿・注引群書目錄》：「王逸《正部論》」：（孫）志祖案：《與鍾大理書》注引。何校「正改玉。《山海經》郭傳引作王子靈符。」《隋志》梁有王逸《正部論》八卷。何校非。

　　孫氏《考異》曰：「栗」，他本誤「粟」。何云：「栗，與漆韻，非粟也。」見《埤雅・釋栗》。

　　胡氏《考異》曰：注「王逸《正部論》曰」。何校「正，改玉」，陳同。謹案：《隋志・子・儒家》：「梁有王逸《正部論》八卷。亡。」何、陳所改，非也。

　　張氏《膠言》曰：「竊見玉書」云云，注引王逸《玉部論》，原作「正部」，何校改為「玉」。胡中丞曰云云。雲璈按：《山海經・西山經》郭注引《王子靈

符應》曰：「赤如雞冠」四語，與此玉書所稱正同，「粟」字似當作「栗」，方與「漆」叶，作「粟」者，恐誤。

梁氏《旁證》曰：何校「正，改玉」，陳同。按《山海經》郭注引此作「《王子靈符應》」，《藝文類聚》八十三引亦作「正部論」。胡公《考異》曰云云。

姚氏《筆記》曰：何曰云云。

徐氏《糾何》曰：何曰：「注王逸《玉部論》云云，《山海經》郭氏傳引此，謂之《王子靈符》」。案：王逸《正部論》八卷，見《隋·經籍志》，何氏改為「玉部論」，殊未考也。

許氏《筆記》曰：「蒸粟」，當作「烝栗」。《魏志·鍾繇傳》注引《魏略》作「栗」，庾子山《五張寺碑》云：「削烝栗之簡。」注「王逸《正部論》」，何改「玉部」。案：王逸《正部論》八卷，見《隋志》，校書者見此數語論玉，遂臆改為「《玉部論》」，義門亦未考之也。嘉德案：何亦云：「栗與漆為韻，作粟，非。」張曰：「《山海經·西山經》郭注引《王子靈符應》曰：『赤如雞冠四語』，與此所偁正同，其字作粟。粟，自當作栗，方與漆叶，作粟者，恐誤。」又案：茶陵、袁本並作「栗」，是也。又胡氏亦云「何、陳並改玉部，皆非」。

【疏證】

諸《文選》本作「栗」，《三國志·魏志·鍾繇傳》注、《藝文類聚》卷八十三、《太平御覽》卷九百六十四等同。毛本或據誤本而誤，陳、何校當從《魏志》、尤本等正之。《太平御覽》卷八百五亦譌作「粟」，此或孫氏《考異》「他本」之所據。奎本以下諸六臣合注本、尤本悉作「正」，《藝文類聚》卷八十三同。《隋書·經籍志三》：「《潛夫論》十卷」注云：「梁有王逸《正部論》八卷。後漢侍中王逸撰」。史容《山谷外集詩注·奉答茂衡惠紙長句》「陽山老籐截玉肪」注引《文選》亦作「王逸《正部論》」。陳、何改，非是。《古今事文類聚》續集卷二十六作「王瓊玉部論」，益誤矣。

南陽宗會叔稱

【陳校】

「會」，「惠」誤。

【集說】

孫氏《考異》曰：「會」，《魏志》注作「惠」。

許氏《筆記》曰：「會叔」，《魏志》作「惠叔」。嘉德案：茶陵本作「惠」，是也。今依《魏志》。

【疏證】

諸《文選》本咸作「惠」。謹案：《太平御覽》卷六百九十二引《魏略》、《魏志·鍾繇傳》裴注並作「惠」。毛本獨因音近及涉下文而誤，陳校當從史志、尤本等正之。

是以令舍弟子建，因荀仲茂　注：《荀氏家傳》曰：荀宏字仲茂，為太子文學。

【陳校】

注「荀宏」。「宏」，「閎」誤。又「太子文學」下，脫「掾」字。

【集說】

余氏《音義》曰：何曰：「荀宏」，《魏志·荀彧傳》注中作「閎」。

胡氏《考異》曰：注「荀宏，字仲茂，為太子文學。」何校「宏」改「閎」，「學」下添「掾」字。陳同。案：據《魏志·荀彧傳》注也，各本皆脫誤。

梁氏《旁證》同胡氏《考異》。

姚氏《筆記》曰：何云：《魏志·荀彧傳》注作「閎」。

許氏《筆記》同余氏《音義》。嘉德案：注作「荀宏」，字之誤也，當作「閎」。蓋宏、閎古書多通借，因而譌之耳。又注「為太子文學」下脫「掾」字，何校增之，陳本同，蓋依《魏志·荀彧傳》注校。又考《魏志·鍾繇傳》注無「因荀仲茂」四字。

【疏證】

奎本以下諸六臣合注本、尤本誤、脫悉同。謹案：《魏志·荀彧傳》裴注作「閎」、有「掾」字。《冊府元龜》卷八百二十九載丕此《書》，悉同。毛本當誤從尤本等，陳、何當據《魏志·荀彧傳》注補正。嘉德謂《魏志·鍾繇傳》[注] 無「因荀仲茂」四字，未知所據何本《三國志》。《藝文類聚》卷六十七、《北堂書鈔》卷一百二十八注亦有此四字。

與楊德祖書一首　曹子建

孔璋鷹揚於河朔　注：仲宣在荊州，故曰漢南。孔璋，廣陵人。在冀川赤紹記室，故曰河朔。

【陳校】

　注「在冀川赤紹記室。」「川」，「州」誤、「赤」，「袁」誤。又「州」下有脫文。

【集說】

　顧按：此非有脫。

【疏證】

　奎本以下諸六臣合注本、尤本悉作「州袁」。謹案：毛本二字皆因形近而誤，陳校當從尤本等正之。《後漢書・袁紹列傳》「烈士立功之會也」章懷注引《魏志》曰：「琳字孔璋，廣陵人。避難冀州。袁紹使典文章」，可佐證陳校當作「州袁」之是。陳疑「州」下有脫文，顧按「此非有脫」，恐還以陳疑為得，當有「為」字之類，語意方順。

又注：《毛詩》曰：惟師尚文，時惟鷹揚。

【陳校】

　注「師尚文」。「文」，「父」誤。

【疏證】

　奎本以下諸六臣合注本、尤本悉作「父」。謹案：語見《毛詩注疏・大雅・大明》，正作「父」。《漢書・王莽傳》、《冊府元龜》卷三百四十引《詩》同。本書陸士衡《樂府十七首・齊謳行》「惟師恢東」注、張士然《為吳令謝詢求為諸孫置守塚人表》「奮鷹揚之勢」注、史孝山《出師頌》「惟師尚父」注、陸士衡《漢高祖功臣頌》「翼爾鷹揚」注、李蕭遠《運命論》「而尚父於周」注、班孟堅《封燕然山銘》「鷹揚之挍」注、潘安仁《馬汧督誄》「聞穢鷹揚」注皆作「父」。毛本獨形近而誤，陳校當從本書內證、《毛詩》、尤本等正之。

偉長擅名於青土　注：行偉長居北海郡。

【陳校】

　　注「行偉長」。「行」，「徐」誤。

【疏證】

　　奎本以下諸六臣合注本、尤本悉作「徐」。謹案：毛本「行」由「徐」來，蓋偏旁相似，然諸《文選》本作「徐」，亦誤。考善注凡自釋建安諸子，稱字例不冠姓氏，如：本書楊德祖《答臨淄侯牋》「若仲宣之擅漢表，陳氏之跨冀域，徐劉之顯青豫，應生之發魏國」善注稱「仲宣」、「孔璋」、「偉長」、「公幹」、「德璉」云云；吳季重《答魏太子牋》「則徐生庶幾焉」注云：「魏文帝《書》曰：『偉長著《中論》二十餘篇。』」復如：本篇上文「昔仲宣獨步於漢南，孔璋鷹揚於河朔」，注稱「仲宣在荊州」、「孔璋廣陵人」；下文「公幹振藻於海隅，德璉發跡於北魏」注作「公幹，東平寧陽人也」、「德璉，南頓人也」云云，莫不如此。四庫毛本作「時」，或有所本，疑是。

劉季緒才不能逮於作者　注：摯虞《文章志》曰：劉表子，官至樂安太守。

【陳校】

　　注「劉表子」。「劉」上，當有「劉季緒名脩」五字。

【集說】

　　徐氏《糾何》曰：何曰：「史《傳》表有二子：琦，琮。琮降操，封列侯，即季緒耶。」又曰：「非也，注脫『名脩』二字。」案：李注已詳第四十卷德祖《答牋》「季緒璅璅」句下，何氏詎未之見耶？

　　姚氏《筆記》曰：注：「摯虞《文章志》曰：劉表子」。按「劉表」上脫「劉脩字季緒五字」。

【疏證】

　　奎本以下諸六臣合注本、尤本悉同。謹案：本書楊德祖《答臨淄侯牋》：「季緒璅璅，何足以云」注：「曹植《書》曰：『劉季緒好詆訶文章。』《魏志》曰：『劉季緒，名脩。劉表子。官至樂安太守。』」善注引「魏志」，即《曹植傳》「植益內不自安」下裴注。此當陳、何校所據。毛本當誤從尤本等。按善注例，當改作：「劉季緒，已見上文」，下復引「摯虞《文章志》曰：著詩賦頌

六篇」云云。拈出「劉修字季緒」五字，明人余寅在何焯之前，見其《同姓名錄》卷五。何氏初校偶疏，後得更正。《糾何》窺非全豹，執一而論，雖未免操之過急，然亦見其校《選》，情緒外露，是性情中人。本條可證何氏數校《文選》。

昔楊子雲先朝執戟之臣　注：然郎皆執戟而持也。

【陳校】

　　注「執戟而持」。「持」，「侍」誤。

【疏證】

　　奎本、贛本、尤本、建本作「侍」。明州本省作「善同銑注」，而銑注未及。謹案：《廣韻‧緝韻》：「執，持也。」若作「持」，則與上「執」字重。作「侍」字，方得與上「郎」字及注引東方朔《答客難》語「官不過侍郎，位不過執戟」之語應也。陳校當從上下行文、修辭、尤本等改之。然毛本未必誤。持、侍皆由「寺」得聲，且「持」亦有「侍奉」義，《荀子‧榮辱》：「父子相傳，以持王公」是其驗。故二字得通。陳大可不必改焉。

則將采庶官之實錄　注：班固《漢書‧司馬遷贊》曰：其文直，其事該；不虛美，不隱要，故謂之實錄。

【陳校】

　　注「其事該」。「該」，「核」誤。「不隱要」。「要」，「惡」誤。

【集說】

　　胡氏《考異》曰：注「其事」。陳云：「該，核誤。」是也，各本皆譌。

　　梁氏《旁證》曰：陳校「該」改「核」。各本皆誤。

【疏證】

　　奎本、尤本作「核」、「惡」。明州本、贛本、建本誤「該」、作「惡」。謹案：語見《漢書‧司馬遷傳》，正作「核」、「惡」。「核」下，師古曰：「核，堅實也。」《太平御覽》卷六百三引、《北堂書鈔》卷九十六「馬遷實錄」注、《初學記》卷二十一「直文」注、《揚子法言‧重黎篇》末吳祕注引《漢書》並同。毛本作「該」，當誤從建本等；作「要」，則獨因形近而誤。陳校當從《漢書》、尤本等正之。

與吳季重書一首　曹子建

雖讌飲彌日　注：《毛詩》曰：彌，終也。

【陳校】

注「《毛詩》」下，脫「傳」字。

【集說】

胡氏《考異》曰：注「《毛詩》曰：彌，終也。」袁本、茶陵本無此六字。

【疏證】

尤本脫同。奎本以下諸六臣合注本善注皆無此六字。謹案：語見《毛詩注疏·大雅·卷阿》「俾爾彌爾」傳。檢本書《西都賦》「北彌明光」注、劉越石《答盧諶》「譬由疾疢彌年」注、謝惠連《七月七日夜詠牛女》「彌年闕相從」注、楊德祖《答臨淄侯牋》「若彌年載」注並作「毛萇《詩傳》曰：彌，終也」，此當尤補所本。依善注，凡單獨引毛《傳》（不兼引《毛詩》）者，例用全稱「毛萇詩傳曰」，上引《西都賦》以下四例並可為證，然則，尤本凡脫「萇」、「傳」二字，毛本誤從尤本，陳校則仍未完滿矣。此又前胡稱袁、茶二本而省稱陳校之例。

食若填巨壑，飲若灌漏卮　注：《莊子》：諄芒謂苑風曰：夫大壑之謂物也。《淮南子》曰：今夫留水足以溢壺榼，而江河不能實漏卮。

【陳校】

注「壑之謂物」。「謂」，「為」誤。又「留水」。「留」，「霤」誤。

【集說】

余氏《音義》曰：「謂物」。「謂」，何改「為」。

【疏證】

奎本以下諸六臣合注本、尤本悉作「為」。除奎本誤作「霤」外，其餘諸本皆作「霤」。謹案：上句語見《莊子·天地》，字正作「為」。下句語見《淮南子·氾論訓》，正作「霤」字。然「謂」與「為」通，已屢見上文，不煩證。毛本當別有所據，陳、何不必改；毛本作「留」，蓋因音同致譌耳。陳校蓋從《淮南子》、尤本等正之。

瀏若清風　注：《楚辭》曰：秋風瀏以蕭蕭兮。

【陳校】

　　注「秋風劉以蕭蕭」。「劉」，「瀏」誤。

【疏證】

　　奎本以下諸六臣合注本、尤本悉作「瀏」。謹案：今本《楚辭·九歎章句序》則作「秋風瀏瀏以蕭蕭」，重「瀏」字，注同，皆作「瀏」。本書潘安仁《寡婦賦》「風瀏瀏而夙興」注引《楚辭》作「秋風瀏以蕭蕭，王逸曰：瀏，風疾貌」。《說文通訓定聲·孚部》因有「瀏叚借為飂」。陳校當從正文、本書內證、《楚辭》、尤本等。然毛本未必非。《說文·水部》：「瀏。從水，劉聲。」故劉與瀏，聲同或得通。瀏，既有「風疾」義。劉有凋殘之義。《毛詩·大雅·桑柔》云：「捋采其劉」毛《傳》云：「劉，爆爍而希也。」《爾雅·釋詁》「劉，暴樂也。」郭注：「樹木枝葉稀疎不均，為暴樂。」並其證。風疾，則木葉稀疎不均爆爍矣。然則，劉與瀏，並通「飂」，毛本不誤矣。劉有「疾」義，故「瀏覽」亦可作「劉覽」，意為大略快速閱讀。《淮南子·原道》：「劉覽徧照，復守以全。」高注：「劉覽，回觀也。劉讀留連之留，非劉氏之劉也。」姑不問高解「回觀」之是非，即論高注刻意回避與「劉（氏之劉）」字之瓜葛，恐已非是。《淮南子》一本逕作：「劉，猶留連之留。劉覽，回觀也。」可見其已遭擯棄。

適對嘉賓　注：《植集》此書別題云：……何謂過朝歌而廻車乎？足下好妓……今本以墨翟之好伎，置和氏無貴矣之下，蓋昭明移之與季重之書想應耳。

【陳校】

　　注「何謂過朝歌」。「謂」，「為」誤。又「墨翟之好伎」。「之」，「不」誤。「想應耳」。「想」，「相」誤。

【集說】

　　胡氏《考異》曰：注「今未以墨翟之好伎」，何校「之」改「不」，陳同。是也，各本皆誤。

　　梁氏《旁證》曰：何校「之」改「不」，各本皆誤。

【疏證】

奎本、明州本、尤本、建本作「謂」、「之」、「相」。贛本作「為」、「之」、「相」。謹案：嘉定本曹《集》載本《書》作「為」、「不」。毛本注作「謂」，蓋從尤、建本等，況「謂」與「為」通，不得言誤。陳校蓋泥於贛本、正文。毛本作「之」，蓋誤從上諸《文選》本，奎本等已因「不」、「之」形近而譌耳；作「想」，則獨因涉上文而誤。陳、何校當從曹《集》、尤本等正之。

答東阿王書一首　吳季重

慕猗頓之富　注：《孔叢子》：朱公告之曰：子欲陳富，當畜三牸。

【陳校】

注「子欲陳富，當畜三牸。」「陳」，「速」誤、「三」，「五」誤、「牸」，「牸」誤。

【集說】

余氏《音義》曰：「陳富」、「三牸」。「陳」，何改「速」、「三」，改「五」。

【疏證】

奎本以下諸六臣合注本、尤本悉作「速」、「五」。奎本、明州本、尤本、建本作「牸」，贛本誤作「牸」。謹案：語見《孔叢子·陳士義》，字正作「速」、「五牸」，後魏·賈思勰《齊民要術·養牛馬驢騾》、《太平御覽》卷四百七十二、《冊府元龜》卷八百十二並同。本書賈誼《過秦論》「陶朱猗頓之富」注、《初學記》卷二十九「西河畜牸」注引並同。沈氏《水經注集釋訂訛·涑水》「欲速富，當畜五牸」注：「牸，當是牸。《孔叢子·陳士義》：『子欲速富，當畜五牸。』《說苑》：『愚公畜牸牛，生子而大。賣之，而買駒。』《史記·平準書》：『天下亭亭有畜牸馬，歲課息。』《齊民要術》：『五牸者，牛、馬、猪、羊、驢。』俱作『牸』，無作『（牸）[牸]』者。」今檢《史記·貨殖列傳》「猗頓用盬鹽起」《集解》引《孔叢》作「速富，當畜五牸」，當贛本所從。毛本獨作「陳」、「三」，當傳寫之譌，誤「牸」，則或誤從贛本爾。陳、何校蓋據《孔叢子》、尤本等正之。

雖恃平原養士之懿　注：《史記》曰：秦之圍邯鄲，使下原君求救。

【陳校】

　　注「使下原君」。「下」，「平」誤。

【疏證】

　　奎本、贛本、尤本、建本作「平」。明州本省作「善同良注」，而良注無此語。謹案：語見《史記・平原君列傳》，固作「平」字，《藝文類聚》卷七十、《太平御覽》卷四百八十引、《北堂書鈔》卷一百三十六「錐處末見」注引並同，本書曹子建《求自試表》「昔毛遂趙之陪隸」注引亦同。毛本傳寫偶誤，陳校無煩披史志、尤本等，可應手而正之爾。

深蒙薛公……而無馮諼三窟之效　注：《戰國策》曰：驅而之薛，矯命以債賜諸人。……竊計君家所無不有，所乏者義爾。

【陳校】

　　注「驅而之薛。」「驅而」，「驪乃」之誤。又「所無不有」。「所無」，當乙。

【集說】

　　胡氏《考異》曰：注「所無不有」。何校「所無」改「無所」，陳云「所無，當乙。」謹案：或衍「所」字。

　　梁氏《旁證》曰：何、陳校「所無」改「無所」。胡公《考異》曰：「或衍『所』字。」

【疏證】

　　贛本、尤本、建本「驅而」、「所無」同。奎本作「驅而」、「無所」。明州本作「事見《戰國策》」。謹案：事見《戰國策・齊策四》。今本作「驅而」、「竊計君宮中積珍寶，狗馬實外廄，美人充下陳。君家所寡有者以義耳」，與李善所見本似不同。毛本作「驅而」，當從尤本等，陳校改「驪乃」，亦不必也；毛本作「所無」，乃誤從尤本等，陳、何正之，是。有奎本為證，前胡疑「所」字衍，義通，亦得。

七子賦詩　注：《左氏傳》曰：趙武與諸侯大夫會過鄭……子太叔賦《野有蔓草》、叔段賦《蟋蟀》。

【陳校】

　　注「叔段」。「叔」，「印」誤。

【集說】

　　梁氏《旁證》曰：六臣本「叔」作「印」。是也。

【疏證】

　　贛本、尤本、建本誤同。奎本作「印」。明州本省作「善同銑注」銑注有「印段」。謹案：事見《春秋左傳注疏‧襄公二十七年》，正作「印段」。《太平御覽》卷六百九引同。本書班叔皮《王命論》「則必喪保家之主」注引作「鄭印段賦《蟋蟀》，趙孟曰：『保家之主也』」，亦可為佐證。贛本首涉上而誤，毛本當誤從尤、建二本，陳校當從《左傳》、本書內證等正之。

與滿公琰書一首　　應休璉

應休璉　注：公琰前日曹過休璉。

【陳校】

　　注「前日曹過」。「曹」，「曾」誤。

【疏證】

　　奎本以下諸六臣合注本、尤本悉作「曾」。謹案：毛本獨因「曹」、「曾」二字形近而誤，陳校當從上下文義、尤本等正之。

與侍郎曹長思書一首　　應休璉

何武恥為宰相　注：《漢書》又曰：何武，字君公，為御史司空。

【陳校】

　　注「御史」下，脫「大夫大」三字。

【集說】

　　余氏《音義》曰：「御史」。「史」下增「大夫大」三字。

胡氏《考異》曰：注「為御史司空」。何校「史」下增「大夫大」三字，陳同。是也，各本皆脫。

梁氏《旁證》曰：何校「史」下添「大夫大」三字。各本皆脫。

姚氏《筆記》曰：「史」下，脫「大夫大」三字。

【疏證】

奎本以下諸六臣合注本、尤本脫同。謹案：事見《漢書·何武傳》。晉·常璩《華陽國志·先賢士女摠讚論》同。陳、何校蓋綜合《武傳》補之，是也。毛本脫三字，蓋誤從尤、建二本等。姚校亦是。

無置酒之樂　注：《漢書》又曰：（陳）遵遇寡婦左阿君，置酒歌謳。遵起舞跳梁樂之。

【陳校】

注「遵遇寡婦」。「遇」，「過」誤。

【疏證】

建本誤同。奎本、贛本、尤本作「過」。明州本省作「善同（向）〔銑〕注」而銑注無此十八字。謹案：事見《漢書·陳遵傳》，正作「過」字，《文章正宗》卷十一、《白孔六帖》卷十五「過寡婦飲」注、《古今合璧事類備要》前集卷二十八「就飲寡婦」注並同。毛本誤從建本，陳校當從《漢書》、尤本等正之。

幸有袁生，時少玉趾　注：《左氏傳》：楚宰蘧啟疆謂魯侯曰。

【陳校】

袁生必袁侃也，侃乃曜卿之子。史稱其清粹美閒，素有父風。讀休璉是《書》，可想見其為人矣。又注：「楚宰」。「宰」上脫「太」字。

【集說】

胡氏《考異》曰：注「楚宰蘧啟疆」。陳曰云云。是也，各本皆脫。

梁氏《旁證》曰：陳校「宰」上添「太」字。各本皆脫。

【疏證】

奎本以下諸六臣合注本、尤本悉脫「太」字。謹案：事見《春秋左傳注疏·昭公七年》，正作「大宰蘧啟疆曰」云云。《冊府元龜》卷二百四十五引

同。本書王康琚《反招隱》詩「寒泉傷玉趾」注引正作「楚太宰蒍啟疆」；成公子安《嘯賦》注引祗作「蒍啟疆」，亦得。毛本當誤從尤本等，陳校當從《左傳》、本書內證等補之。

春生者繁華，秋榮者零悴　注：《周易陰符》：太公曰：春道生，萬物零。

【陳校】

　　注「春道生」下，脫「萬物榮，秋道成」六字。

【集說】

　　許氏《筆記》同陳校。嘉德案：六臣本有。

【疏證】

　　奎本、明州本、尤本、建本有「萬物榮，秋道成」六字。贛本則脫此六字。謹案：本書潘安仁《金谷集作詩》「春榮誰不慕」注引亦作「春道生，萬物榮」云云，亦奪。毛本當傳寫奪脫，陳校當從尤本、本書內證等補之。

與廣川長岑文瑜書一首　應休璉

沙礫銷鑠　注：《呂氏春秋》曰：湯時大旱七年，煎沙爛石。

【陳校】

　　「爍石」。「爛」，「爍」誤。

【集說】

　　胡氏《考異》曰：注「煎沙爛石」。袁本「爛」，作「鑠」，是也。茶陵本亦誤「爛」。

　　梁氏《旁證》曰：六臣本「爛」作「爍」。

【疏證】

　　奎本以下諸六臣合注本、尤本悉同。謹案：作「鑠」，方與正文「銷」字合。故自當從陳校、前胡、梁氏說。毛本當誤從尤本等。《呂氏春秋》語不見今本，然《太平御覽》卷三十五引《世說》，作「煎沙爍石」。「爍」與「鑠」同。《藝文類聚》卷七十三、卷一百引「《說苑》云：成湯之旱七年，煎沙爛石。」非是引書不合，即字有「爍」「爛」之歧，可見本條善注久經人改竄。

《白孔六帖》卷八十二「七年」注引同《類聚》，然引書竟冠「《呂氏春秋》」，可推《六帖》蓋據今本《文選》改也。

割髮宜其膚，剪爪宜侵肌乎

【陳校】

「其」，「及」誤。

【疏證】

奎本以下諸六臣合注本、尤本悉作「及」。謹案：《白孔六帖》卷三十二「誠不至者物不感」注引《陸宣公奏議》「古人所謂『割髮宜及膚，剪爪宜侵體』」云，證唐人所見正作「及」。史容《山谷外集詩注·次韻子瞻與舒堯文禱雪霧豬泉唱和》「豈云剪爪宜侵肌」注引同。今觀其下文對文為「侵」，亦以作「及」為切。毛本傳寫音近而誤，陳校當從贛、尤二本等正之。

與從弟君苗君胄書一首　應休璉

題：君苗君胄

【陳校】

唐人謂「君苗無姓」，豈史失傳？是《書》昆季粲然。《文選》不可不業也。梁氏《旁證》

【集說】

梁氏《旁證》曰：陳曰：「唐人謂君苗無姓，豈史失傳？是書昆季粲然。《文選》不可不業也。」

【疏證】

諸《文選》本並同。謹案：本條周鈔未見。僅見《旁證》所錄，似有所據。蓋以《選》證史，確係陳校本色。

題下注：此《書》言欲歸田，故報二從弟也。

【陳校】

按：休璉嘗為大將軍曹爽長史。觀「入軍門」及「金張」、「子孟」等語，

則知此《書》乃見爽黨勢盛而作。先言「樂北游清曠，厭京洛囂塵」，即詩人「刺《大車》」意耳。歸田之志宜其浩然也。

【集說】

胡氏《考異》曰：注「此《書》言欲歸田，故報二從弟也。」袁本、茶陵本此節注上無善及五臣名。凡篇內自明之旨，題下注又贅出，必皆五臣混入者。若尤定此注入善，則二本尚未全誤也。

許氏《筆記》曰：題下注十二字，五臣注混入。削。嘉德案：六臣本注首亦無名，莫知五臣何人。

【疏證】

五臣正德本、奎本以下諸六臣合注本、尤本同。惟五臣陳本題下無此十二字注。謹案：前胡以例定此為五臣注，是也。陳校立論之基礎，顯然亦誤以十二字為善注，失辨善與五臣之別也。本條亦陳校不如前胡之例也。

折若華以翳日　注：若華，已見曹植《與吳季仲書》。

【陳校】

注「吳季仲」。「仲」，「重」誤。

【疏證】

尤本作「重」。奎本、明州本作「已見上文」。贛本、建本複出《楚辭》。謹案：曹植《與吳季重書》，已見上文。毛本宗尤本而傳寫因音近而誤。陳校當從本書內證、《魏志·吳質傳》裴注等正之。

且宦無金張之援，游無子孟之貲　注：《漢書·金日磾贊》曰：七葉內侍，何其盛矣。又《張湯贊》曰：功成之後，唯有金氏、張氏。

【陳校】

按：金張，指當時貴戚，謂爽黨何平叔輩是也。下句又言交遊中無助己者，蓋指爽弟羲、訓輩，蓋子孟乃大將軍弟，故以為比也。又注：「何其盛矣。」「矣」，「也」誤；「功成之後。」「成」，「臣」誤。

【集說】

余氏《音義》曰：「盛矣」。「矣」何改「也」、「功成」。「成」，改「臣」。

胡氏《考異》曰：「何其盛矣。」袁本、茶陵本「矣」作「也」，是也。

梁氏《旁證》曰：尤本「也」誤作「矣」。

【疏證】

奎本以下諸六臣合注本悉作「也」、「臣」。尤本「矣」誤同；作「臣」，不誤。謹案：二語分別見《漢書‧金日磾傳》、《張湯傳》，正作「也」、「臣」。《太平御覽》卷四百七十引作「也」。《北堂書鈔》卷六十三「口對兵事，畫地成圖」注「功臣之世」，作「臣」。本書左太沖《詠史（鬱鬱）》「張藉舊業」注引亦作「臣」。毛本作「矣」，當誤從尤本；作「成」，則獨因音近而誤耳。陳、何校蓋從《漢書》改，是也。

追蹤丈人　注：《論語》曰：⋯⋯丈人曰：⋯⋯孰為夫子？執其杖而耘⋯⋯而食之。

【陳校】

注「執其杖而耘。」「執」，「植」誤。

【集說】

胡氏《考異》曰：注「《論語》曰」下至「而食之」。袁本、茶陵本無此五十五字。

【疏證】

尤本作「植」。奎本以下諸六臣合注本無此五十五字。謹案：語見《論語‧微子》，正作「植」，《太平御覽》卷五百九引嵇康《高士傳》亦作「植」。本書陶淵明《歸去來》「或植杖而耘耔」注引同。毛本從尤本而傳寫因音近而誤，陳校當從《論語》、本書內證等正之。

以憎邑邑

【陳校】

「憎」，「增」誤。

【集說】

孫氏《考異》曰：「增」，誤「憎」。

許氏《筆記》曰：「憎」，何改「增」。嘉德案：六臣茶陵本作「增」，其從心者，傳寫譌耳。

【疏證】

　　諸《文選》本悉作「增」。謹案：毛本獨因傳寫形近而譌，陳、何當從尤本等正之。

文選卷四十三

與山巨源絕交書一首　　嵇叔夜

漫之膻腥　　注：《莊子》：北人無擇曰：帝欲以辱汙漫我。

【陳校】

　　注「辱汙」。「汙」，「行」誤。

【疏證】

　　贛本誤同。奎本、明州本、尤本、建本作「行」。謹案：事見《莊子・讓王》，正作「行」，《太平御覽》卷八十一引同。楊倞註《荀子・榮辱篇》「汙僈突盜」注引《莊子》亦同。本書桓溫《薦譙元彥表》「故有洗耳投淵」注引作「行」，陸士衡《演連珠》（臣聞理之所守）「故臨川有投跡之哀」注，作「已見桓溫《薦譙元彥表》。」亦同。毛本蓋誤從贛本，陳校當從《莊子》、本書內證、尤本等正之。

不脩執鞭　　注：《論語》：子曰：富而可求，雖執鞭之士，吾亦為之。

【陳校】

　　「脩」，「羞」誤。

【集說】

　　孫氏《考異》曰：「不羞執鞭。」「羞」，誤「脩」。

許氏《筆記》曰：「修」，何改「羞」。嘉德案：茶陵本作「羞」。

【疏證】

諸《文選》本皆作「羞」。毛本作「修」，同「脩」。謹案：《藝文類聚》卷二十一、《晉書》、《通志》本傳、《古今事文類聚》前集卷三十三引皆作「羞」。今按《說文通訓定聲·孚部》「修，（叚借）又為羞。《禮記·鄉飲酒義》：『降，說屨，升，坐修（爵無數）。』錢宮詹云：『即《儀禮》之升堂乃羞。今以修爵連讀，非。』《莊子·天地》「孝子操藥以修慈父」孫詒讓《札迻》：「修，通羞。」又歐陽修《文忠集·希真堂東手種菊花十月始開》「淑女靜容修窈窕」注：「一作羞。」並是「修」、「羞」義通之例，故毛本作「修」，當有來歷，未必悉為好古之累。俟再考。

許由之巖棲　　注：張（叔）〔升〕《反論》曰：黃綺引身。

【陳校】

注「張（叔）〔升〕《反論》」。「論」下，脫「語」字。

【集說】

顧按：此非脫。

前胡《考異》嘗於鮑明遠《代君子有所思》「絲淚毀金骨」注：「張叔及論曰」下考云：注「張叔及論」，案：「叔及」當作「升反」，各本皆譌。張升，字彥真。范蔚宗《書》有傳在《文苑》。前《魏都賦》、後《與山巨源絕交書》注皆引《反論》不誤，可證也。《左傳》疏所引「賓爵下革」云云，今本或作「皮」，皆「反」之譌。

姚氏《筆記》曰：注「張升《反論》曰」。「論」下脫「語」字。樹按：「張升《反論語》，未詳」。

徐氏《糾何》曰：何於注中「張升反論」下，加一「語」字。案：《左傳·昭公七年》：「今夢黃熊入於寢門」疏引「張叔皮論曰：賓爵下華，田駕上騰，牛哀變虎，鮌化為熊。久血為燐，積灰生蠅」，與此注同。以四字為句，當即此人。「升反」乃「叔皮」之譌，「語」字不得妄增。

許氏《筆記》曰：注「張升《反論》」。何於「論」下，加「語」字。案：惠棟云：「張，姓；叔，名。叔曾著《反論》，引見《御覽》。今《左傳注》引作張叔《皮論》，誤也。」然則，後人又以「張叔皮」為人名，故於「論」下

加「語」字。而何氏未深考也。《廣絕交論》注引「張升反論」，疑是《後漢書‧文苑傳》之張升。「升」、「叔」二字相似而誤耳。嘉德案：《魏都賦》注引《廣絕交論》注及此注皆作「張升《反論》」，則李氏自作「張升」，不作「張叔」也。《史記‧石奮》同《傳》之「張叔」，既不言其能文，似「叔」為「升」之譌。惠棟《左傳補注》云「張，姓；叔，名。作《反論》，亦見《御覽》」。今其論不見，莫考其是「叔」是「升」，以李注證之是「升」字也。

【疏證】

奎本以下諸六臣合注本、尤本同。皆無「語」字。本書鮑明遠《代君子有所思》「絲淚毀金骨」詩注及《答東阿王牋》「秉青萍干將之器」注，《集注》本皆作「張升《反論》」。謹案：善注涉及「張升《反論》」者，本書凡五見，有關論述，已見上鮑明遠《代君子有所思》「絲淚毀金骨」條。諸家以前胡考最確。以「張升」為「張叔」、「張叔皮」者皆非；張升所著為《反論》。五例中，惟劉氏《廣絕交論》注引《反論》，內容同《魏都賦》注，冠名卻作「張升反論語」，「論」下多一「語」字。若依「反論語」名書，則未見簿錄著錄；若以「語」屬下讀，則為「語曰」字，可理解為《反論》引俚顏俗語，然觀「噓枯」兩句，對仗工整，絕非俚俗所能，故「語」字必為羨衍。亦見上引鮑詩條。本條陳校不知劉《廣絕交論》注之衍，反云「論」下，脫「語」字，誤矣。姚氏《筆記》誤承陳校。徐氏《糾何》、嘉德說皆從前胡出焉。許巽行謂「升、叔二字相似而誤」，蓋「叔（隸書）」與「升」形極似也。「反」與「皮」亦形近。惠棟說，見《春秋左傳補註》卷五「張叔皮論」。上嘉德引惠說，「亦見《御覽》」下，截去「作皮誤也」四字。

故君子百行，殊塗而同致　注：《周易》：子曰：天下同歸而殊塗，一故而百慮。

【陳校】

注「一故而百慮。」「故」，「致」誤。

【疏證】

奎本以下諸六臣合注本、尤本悉作「致」。謹案：語見《周易注疏‧繫辭下》，正作「致」。《史記‧太史公自序》、《漢書‧藝文志》、《司馬遷傳》、《長短經‧是非》引《易》並同。本書嵇叔夜《琴賦》「所致非一」注、謝玄暉《酬

王晉安》「參差百慮依」注、江文通《雜體詩・張廷尉綽》「領略歸一致」注引並作「致」。今據正文亦當為「致」。毛本獨因形近而誤，陳校當從《周易》、本書內證、尤本等正之。

且延陵高子臧之風　注：《左氏傳》：以成曹君，子曰：能守節。

【陳校】

　　注「子曰」。「子」上，脫「君」字。

【集說】

　　胡氏《考異》曰：注「以成曹君子曰」。何校重「君」字，陳同。是也，各本皆脫。

　　梁氏《旁證》同胡氏《考異》。

【疏證】

　　尤本、奎本、明州本、建本脫同。贛本獨重。謹案：語見《春秋左傳・襄公十四年》，「君」字正重。《太平御覽》卷五百十四、卷八百二十二引同。《北堂書鈔》卷四十八「棄室而耕」注、本書潘安仁《西征賦》「委曹吳而成節」注、羊叔子《讓開府表》「是以誓心守節」注、任彥昇《為褚諮議蓁讓代兄襲封表》「臣忘子臧之節」注引並重「君」字。毛本當誤從尤本等，陳、何校蓋從贛本、《左傳》、本書內證等補。

吾每讀尚子平《臺孝威傳》　注：《英雄記》曰：尚子平，有道術。為縣功曹，休歸。自入山擔薪賣，以供食飲。范曄《後漢書》曰：尚子平，隱居不仕。性尚中和，好通老易。尚、向不同，未詳。

【陳校】

　　注「《英雄記》尚子平」。按：王粲《英雄記》皆記漢末英雄事。尚子平乃建武中隱士，不應載入。據《後漢書・向子平傳》注，當是「《高士傳》」之誤。

【集說】

　　胡氏《考異》曰：注「《英雄記》曰」。陳云：「王粲《英雄記》，皆記漢末英雄事，尚子平乃建武中隱士，不應載入，當是誤也。」今案：此疑《英賢譜》之文，各本皆譌。

張氏《膠言》曰：胡中丞云：「《英雄記》出於王粲，皆記漢末英雄事。尚子平名長者，乃建武中隱士，不應闌入。疑《英賢譜》之文。」雲璈按：按注所引兩「子平」，事雖仿佛相類，終以范史為正。觀《書》中「尚」字及注「尚、向不同」一語，則注中上「向子平」當作「尚」，下「尚子平」當作「向」。今《後漢書・逸民傳》正作「向」。于光華氏《（文選）集評》但錄所引《英雄記》，刪去《後漢書》，又作「尚」，誤甚。又《後漢書》注引《高士傳》「向」字作「尚」，今檢《高士傳》亦作「向」。

梁氏《旁證》曰：陳曰云云。胡公《考異》曰云云。又曰：注「《後漢書》曰：向子平」，毛本「向」作「尚」，誤也。下注云：「尚、向不同，未詳」，即指《英雄記》作「尚」、《後漢書》作「向」也。《後漢書》：「向長，字子平」章懷注：「《高士傳》向字，作尚。」其明驗矣。

王煦《拾遺補編》曰：嵇康《絕交書》注引《英雄記》亦作「尚」，惟《後漢書》作「向」，未知孰是。《補編・初去郡詩》。

許氏《筆記》曰：注「尚、向不同。」案：《後漢書》作「向」。注云：「《高士傳》作尚。」嘉德案：注引《英雄記》。陳云「王粲《英雄記》皆記漢末英雄事……當是誤也。」胡曰：「此疑《英賢譜》之文。」張曰：「注所引兩子平，事雖仿佛相類……今檢《高士傳》亦作向」。

【疏證】

奎本以下諸六臣合注本、尤本悉作「《英雄記》」。注中兩「子平」，奎本、尤本注《英雄記》作「尚」、《後漢書》作「向」；明州本、贛本、建本皆作「尚」，此毛本所從。謹案：李善所疑在《英雄記》作「尚」、《後漢書》作「向」；陳與前胡質疑則在「《英雄記》」不當載隱士事跡。據范曄《後漢書・向長傳》「向長，字子平」下，章懷注：「《高士傳》向字作尚。」《藝文類聚》卷三十六引魏隸《高士傳》作「尚長，字子平。」然考今本晉・皇甫謐《高士傳》仍作「向」。魏、皇甫二家內容與《後漢書・向傳》悉合；然則范《書》之「向」與《英雄記》之「尚」，本是一人耳。張氏《膠言》云「終以范史為正」，其說是也。惟李善所見《英雄記》已誤「向」為「尚」矣。魏《傳》即是明證。故李善不必疑「尚、向不同」。《後漢書・向長傳》有「建武中，男女娶嫁既畢」云云，見得子平「乃建武中隱士」，不應入「皆記漢末英雄事」之《英雄記》，此所以見疑於陳氏與前胡。兩家皆未考《太平御覽》卷二百六十四所載，《御覽》云：「《英雄記》曰：『尚相，先人尚子平。有道術，為縣功曹。休歸，自

入山擔薪賣以飲食」云。《御覽》此節有誤，然此條不出《選》文，當直取
《英雄記》，極具文獻價值。其誤即在誤「向」為「尚」。此點已見上文，無須
辭費。其文獻價值，即在釐清了《英雄記》所以載有隱士向子平之真相：原來
入《英雄記》之主角本是尚相，其「先人子平」云云，祗是其連類而及者。子
平既是尚相之先人，則與范《書》「建武中隱士」語一拍即合，故陳與前胡之
疑可以冰釋矣。張氏《膠言》：「觀《書》中尚字及注尚、向不同一語，則注中
上向子平當作尚，下尚子平當作向」之辨，最得其實。注引范《書》固當作
「向」，是矣。

吾不如嗣宗之賢　注：資，材量也。

【陳校】

　　「賢」，「資」誤。

【集說】

　　孫氏《考異》曰：據注，則本文「賢」字疑「資」。《晉書》亦作「資」。

　　胡氏《考異》曰：「吾不如嗣宗之賢。」何校「賢」，改「資」。陳曰云
云。案：所校是也。注云：「資，材量也。」不得作「賢」甚明。《晉書》正
作「資」。

　　梁氏《旁證》曰：《晉書》「賢」作「資」。何校「賢」，改「資」，陳同。
李注：「資，材量也。」不作「賢」，與《晉書》合。

　　胡氏《箋證》曰：《旁證》曰：「《晉書》賢，作資。善注：『資，材量也。』
與《晉書》合。」

　　許氏《筆記》曰：「賢」，何改「資」。嘉德案：胡曰云云。又案：六臣本
注作「資」，此並注中亦誤「賢」。

【疏證】

　　《集注》本作「資」，注同，引《鈔》同。五臣正德本、陳本作「賢」。
奎本作「賢」，注同。明州本、尤本、建本作「賢」、注作「資」。贛本作
「資」，注同。謹案：《晉書》本傳作「資」，是，贛本與《集注》同。五臣誤
作「賢」，奎本從之。明州本注改「資」，尤本、建本等從之，然皆不能正正
文。毛本當誤從尤本等，陳、何不必據從贛本、《晉書》等，即以善注可應手
而正之爾。

而有好盡之累　注：《漢書》曰：萬石君石奮長子建……其為謹慎，雖他皆如是。又曰：建奏事於上前，即有可言，屏人乃言極切。至廷見如不能言者。好盡，謂言則盡情，不知避忌。

【陳校】

　　此謂：如國武子之「好盡言，以招人過也。」注誤。

【疏證】

　　奎本以下諸六臣本、尤本悉同。謹案：陳正善注之誤。國武子「好盡言，以招人過」事，見於《國語・周語下》，亦見《新語・禮容語下》，後者簡括，因錄之：「齊國武子亦將有禍。齊，亂國也。立於淫亂之朝，而好盡言以暴人過，怨之本也。惟善人能受盡言。今齊既亂，其能善乎？居二年，晉殺三卿。明年，厲公弒於東門。是歲也，齊人果殺國武子。」按上下文義當從陳校。祝氏《訂譌》以六臣注「均欠精當」，曰：「按《國語》：單穆公曰：『立於淫亂之世，而好盡言以招人過，怨之本也。』稽語本此。」《文選學論集》頁187。祝說實同。

而當裹以章服

【陳校】

　　「裏」，「裹」誤。

【疏證】

　　《集注》本、諸《文選》本悉作「裹」。謹案：《藝文類聚》卷二十一、《古今事文類聚》前集卷三十三、後集卷四十九引、史容《山谷外集詩注・代書》「蚤虱廢搔爬」注引，並作「裹」。五臣亦作「裹」，向注可證。毛本獨因形近而誤，陳校當從尤本等正之。

推案盈机

【陳校】

　　「推」，「堆」誤。

【疏證】

　　《集注》本誤同。諸《文選》本咸作「堆」。謹案：《藝文類聚》卷二十一、《太平御覽》卷五百九十五等並作「堆」。五臣作「堆」，濟注可證。毛本

亦因形近而誤，陳校當從尤本等正之。

則犯散傷義

【陳校】

「散」，「教」誤。

【疏證】

《集注》本、諸《文選》本咸作「教」。謹案：《藝文類聚》卷二十一、卷五十八、《太平御覽》卷五百九十五、《古今事文類聚》前集卷三十三等並作「教」。五臣作「教」，濟注可證。毛本獨因形近而誤，陳校當從尤本等正之。

不喜弔喪，而人道以此為重。已為未見怨者所怨，至欲見中傷者 注：言人於己，為未見有矜怨之者，而纔有所怨，乃至欲見中傷。言被疾苦也。

【陳校】

「已為未見怨者所怨」，言方招怨也。「至欲見中傷」，則怨之甚者也。文本易了，注轉迂晦。又注「疾苦」。「苦」，疑「害」誤。

【疏證】

《集注》本、諸《文選》本咸同。「疾苦」，奎本以下諸六臣合注本、尤本注悉作「苦」。《集注》本注「苦」作「甚」。謹案：「苦」，當從《集注》本作「甚」。此奎、尤本等形近而誤，毛本則誤從尤本等。陳校疑「害」，亦非。陳云：「注轉迂晦。」是，然檢《集注》本注，「於己」下有「已」、「有」下有「欲」，若依之亦通。

欲降心順俗 注：《新序》：上偃謂晉侯曰。

【陳校】

注「上偃」。「上」，「卜」誤。

【疏證】

《集注》本、奎本以下諸六臣合注本、尤本悉作「卜」。謹案：事見《新序·善謀》，正作「卜偃」，《太平御覽》卷七百二十七引《左傳》，同。毛本獨因形近而誤，陳校當從《新序》、尤本等正之。

故四民有業　注：《管子》曰：士農工商四民者，國之石民也。

【陳校】

注「石民」。「石」，「正」誤。

【集說】

《集注》本、奎本以下諸六臣合注本、尤本誤同。謹案：「石」，「居」之誤。毛本蓋誤從尤本等，陳校亦非。參上陸士衡《挽歌詩（重阜）》「昔居四民宅」條。

男年八歲……顧此悢悢，如何可言　注：王隱《晉書》曰：劭，字延祖。十歲而孤，事母孝謹……《廣雅》曰：悢悢，羌也。

【陳校】

注「王隱《晉書》」上，脫「《晉諸公贊》曰：康子劭。」又「羌也」。「羌」，「悲」誤。

【集說】

胡氏《考異》曰：注「王隱《晉書》曰：『紹，字延祖。十歲而孤，事母孝謹。』」袁本、茶陵本首有「《晉諸公譜》曰：康子劭」八字，「紹」作「劭」，無「十歲而孤，事母孝謹」八字。案：二本是也，此尤延之校改而誤。

梁氏《旁證》曰：六臣本此上有「《晉諸公贊》曰：康子劭」八字，「紹」作「劭」，無「十歲而孤」兩語。

姚氏《筆記》曰：「王隱」上，何增「晉《諸公讚》曰康子劭」八字。

許氏《筆記》曰：注「王隱《晉書》」上，何加「晉《諸公讚》曰：康子劭」八字，其王隱《晉書》「劭」字改「紹」字。嘉德案：胡曰：「袁本、茶陵本注」云云。又考今《晉書·嵇紹傳》「紹，字延祖」，有「十歲而孤，事母孝謹」八字，其名作「紹」，然則，《晉諸公讚》作「劭」，《晉書》作「紹」。字不相同，而何校兩存。胡校、茶、袁本並作「劭」，「讚」又作「譜」。今王隱《晉書》不可見，待再考。

【疏證】

尤本脫八字。《集注》本、贛本有此八字。奎本有此八字，「讚」作「譜」，明州本、建本同。上諸《文選》本悉作「悲」。謹案：《廣雅》，見《釋訓》篇，正作「悲」。本書《古詩十九首·攜手》「悢悢不得辭」注引《廣雅》作「悢

也」，亦誤。班叔皮《北征賦》「心愴悢以傷懷」注引《廣雅》作「愴愴悢悢，悲也。」是。毛本脫八字，當誤從尤本，陳校則從贛本等補之。「恙」字，毛本獨誤，蓋因形近。陳、何校當據六臣合注本補。「譜」字係「讚」之譌。《隋書‧經籍二》：「《晉諸公讚》二十一卷。晉祕書監傅暢撰。」尤本注「劭」獨作「紹」，蓋同今本《晉書‧嵇紹傳》。

為石仲容與孫皓書一首　孫子荊

見機而作……小不事大，春秋所誅　注：（《左氏傳》）子展曰：小國無信，兵亂日至，亡無日矣。

【陳校】

注中（「子展曰」下）兩「曰」字，並「日」誤。

【疏證】

《集注》本、奎本以下諸六臣合注本、尤本兩處悉作「日」。謹案：語見《春秋左傳注疏‧襄公八年》，正並作「日」，《冊府元龜》卷七百四十九、《文章正宗》卷一引同。毛本手民之誤，陳校當從《左傳》、尤本等正之。

曹譚以無禮取滅　注：《左氏傳》又曰：晉公子重耳奔狄反曹。

【陳校】

注「反曹」。「反」，「及」誤。

【疏證】

《集注》本、奎本以下諸六臣合注本、尤本悉作「及」。謹案：事見《春秋左傳注疏‧僖公二十三年》，正作「及」字。《太平御覽》卷四百四十二引同。毛本獨因形近而誤，陳校當從《左傳》、尤本等正之。

外通南國　注：《魏志》曰：公孫淵遣使南通孫權，往來賂遺。

【陳校】

注「往來賷遺」。「賷遺」，當作「賂遺」。

【集說】

胡氏《考異》曰：注「往來賷遺。」何校「賷」，改「賂」。陳云：「賷，

當作賂。」案：所校據《魏志》，是也，各本皆誤。

梁氏《旁證》同胡氏《考異》。

【疏證】

明州本、贛本、建本二字誤同。《集注》本、奎本、尤本誤「贍」、作「遺」。謹案：語見《魏志·公孫度傳》，正作「賂遺」，宋刊《三國志文類·赦遼東詔》題下注同。陳校從《魏志》改，是也。前胡因所校本尤本「遺」字不誤，故祗校「贍」字。

乘桴滄流　注：《論語》：子曰：乘桴浮于海。

【陳校】

「流」，「海」誤。《晉書》作「海」。

【集說】

孫氏《考異》曰：「流」。《晉書》作「海」。

胡氏《考異》曰：「乘桴滄流。」茶陵本「流」作「海」。袁本作「流」，與此同。何校「流」改「海」，陳曰云云。案：袁本、茶陵本所載五臣濟注云「滄流，海也」，似五臣作「流」，二本失著校語。尤亦以之亂善也。

梁氏《旁證》曰：《晉書》「流」作「海」。按：五臣作「流」，濟注：「滄流，海也」。

許氏《筆記》曰：「流」。何改「海」。嘉德案：茶陵本作「滄海」、袁本作「蒼流」，何義門改「流」為「海」。陳亦云「流，海誤。」是也。《晉書》作「海」，五臣濟注乃作「流」。此沿五臣本之舊，袁本亦誤。

【疏證】

尤本同。《集注》本作「倉流」，引《鈔》作「流」。五臣正德本作「流」，銑注：「滄流，海也。」奎本同正德本。明州本作「流」，首誤銑注為「濟注」；贛本、建本同。五臣陳本作「海」，餘同明州本。謹案：五臣作「流」、善本作「海」，《考異》說是。毛本誤從尤本等，陳、何校當從《晉書》本傳及善注正之。五臣正德本、奎本尚存五臣注原貌：首先，是銑注而非濟注；其次，自明州本首誤銑注為「濟注」，復於「滄」下奪「流」字，遂致糾纏謬誤流傳。許氏亦誤銑注為濟注。

葛越布於朔土　注：孔安《尚書傳》曰：草服葛越。

【陳校】

　　注「孔安《尚書傳》」。「安」下脫「國」字。

【疏證】

　　《集注》本、奎本以下諸六臣合注本、尤本悉有「國」字。謹案：語正出《尚書注疏‧禹貢》「島夷卉服」孔傳。毛本傳寫而奪，陳校當從《尚書》、尤本等正之。

然後遠跡疆場

【陳校】

　　「場」，「場」誤。

【集說】

　　許氏《筆記》曰：「場」，何改「場」。嘉德案：「疆場」字從「易」，音亦與「場圃」字不同。

【疏證】

　　五臣正德本及陳本、奎本、贛本、尤本、《集注》本及引《音決》悉作「疆場」，「場」下音注「亦」。明州本首誤作「場」，下音注則仍作「亦」，建本從之。毛本當誤從建本等，陳、何蓋從尤本等正之。本書班孟堅《西都賦》「疆場綺分」注引《毛詩》「疆場有瓜」，場，並誤作「場」。張平子《東京賦》「兆民勸於疆場」注亦引《毛詩》，則並不誤。

吳之先（王）〔主〕　注：《吳志》曰：孫堅有舉兵荊州。

【陳校】

　　注「孫堅有舉兵」。「有」，「亦」誤。

【集說】

　　《集注》本及《鈔》、奎本以下諸六臣本、尤本、悉作「亦」。謹案：事見《吳志‧孫堅傳》，正作「亦」，《通志‧孫堅傳》、《冊府元龜》卷一百八十三同，本書陸士衡《辯亡論上》「電發荊南」注引亦同。毛本獨傳寫而誤，陳校當從《吳志》、本書內證、尤本等正之。

役不再舉　注：《六韜》：太公謂武王曰：故役不再籍，一舉而得。

【陳校】

　　注「一舉而得」。「得」，「畢」誤。

【疏證】

　　《集注》本、奎本以下諸六臣合注本、尤本悉作「畢」。謹案：善注所引，未見今本《六韜》。毛本作「得」亦通，或有所本。陳校當從尤本等。

文王退舍　注：《左氏傳》：子魚言於宋公曰：文王崇侯德亂而伐之。軍三旬，而不降。退修教而復伐之，因壘而降。

【陳校】

　　注「文王」下，脫「聞」字。「困壘」。「困」，「因」誤。

【集說】

　　姚氏《筆記》曰：注「文王崇侯德亂而伐之」。「王」下脫「聞」字、「侯」字衍。

【疏證】

　　《集注》本、奎本、贛本、尤本、建本有「聞」、作「因」字。明州本省作「已見向注」，向注同上諸本。謹案：事見《春秋左傳注疏·僖公十九年》，正有「聞」、作「因」。《通志·公子目夷傳》、《冊府元龜》卷七百四十並同。《說苑·指武》亦作「因」。本書陳孔璋《為曹洪與魏文書》「文工有退修之軍」注有「聞」、作「因」。毛本獨傳寫而誤，陳校當從本書內證、《左傳》、尤本等正之。姚氏言「侯字，衍。」乃據《左傳》。上《文選》諸本並無，當善所見本如此。《通志》、《冊府元龜》等亦無。

一旦身自橫分

【陳校】

　　「身自橫分」。「自」，「首」誤。按：晉太祖遣徐吳齎書喻皓。其書詳見《吳志·皓傳》注中。皓有報書，亦見《皓傳》。而石苞附書，劭不為通者，當以書末「身首橫分」二語，詞氣太厲。又皓方淫刑威下，故懼劖虎牙耳。皓既遣劭反，命未出境，復召還殺之。倘並達石書，其死當尤速矣。

【疏證】

　　《集注》本、諸《文選》本咸作「首」。謹案：《晉書》、《通志》本傳並作「首」，《冊府元龜》卷四百十五同。毛本獨因形近而誤，陳校當從《晉書》、尤本等正之。此亦陳校，寓史論於校。

夫治膏肓者必進苦口之藥　注：《左氏傳》曰：晉景公夢疾為二豎子，一曰：居肓之上一曰居膏之下，若伐何。

【陳校】

　　注「若伐何。」「伐」，「我」誤。

【集說】

　　梁氏《旁證》曰：此為《成十年傳》文。今作「其一曰：居肓之上、膏之下」，無下「一曰居」三字。

【疏證】

　　明州本、贛本、尤本、建本作「我」，餘同。奎本「上一」，作「一上」、作「我」。《集注》本無下「一曰居」、作「我」。謹案：事見《春秋左傳注疏·成公十年》，作「公夢疾為二豎子。曰：『彼良醫也。懼傷我焉，逃之。』其一曰：『居肓之上、膏之下，若我何？』審《左傳》上下文義，「二豎子」下，當有「其一」或「一」字，否則，下文「其一」便失照應。善注為節文，縱可省「彼良醫也」以下十字，然此「其一」或作「一」（善注已刪「其」字）字，斷不可無也。奎本以下諸六臣本、尤本並衍「一曰居」三字，並非無緣無故，雖未中其失，要亦可為上說佐證。今檢《藝文類聚》卷七十五、《太平御覽》卷七百二十一、卷七百三十八並同《左傳》，可見唐人所見《左傳》已有奪文焉。陳則漏校。「我」字，毛本獨因形近而誤，陳校當從《左傳》、尤本等正之。

恐俞附見其已因，扁鵲知其無功也　注：《史記》：虢中庶子曰：上古之時，醫病不以湯液。又曰：扁鵲曰：疾在骨髓，雖可命無奈何。

【陳校】

　　「因」，「困」誤。又注「上古之時」句下，脫「醫有俞附」四字。又「雖可命」。「可」，「司」誤。

【集說】

余氏《音義》曰：「可命」。「可」，何改「司」。

胡氏《考異》曰：「醫病不以湯液。」陳云：「醫下，脫『有俞附醫』四字。」案：所校是也。此引以注正文「俞附」，各本皆脫。

梁氏《旁證》曰：《晉書》「困」，作「死」。案：「俞附」，《史記・扁鵲傳》作「俞跗」，《漢書・藝文志》作「俞拊」。王應麟《漢書藝文志考證》引《說苑》：「上古之為醫者曰苗父，中古之為醫者曰俞柎。」則作「柎」。惟《抱樸子》云：「拊扁和緩。」同此作「拊」。又曰：陳校「醫下，脫『有俞附醫』四字。」是也。胡公《考異》曰：「此引以注正文。各本皆脫。」

【疏證】

《集注》本作「困」、有「醫有俞附」四字、作「司」。奎本以下諸六臣合注本、尤本脫「醫有俞附」四字，餘同《集注》本。謹案：「因」字，《冊府元龜》卷四百十五作「死」，當從《晉書》，亦得。俞附、扁鵲事見《史記・扁鵲傳》，正有「有俞跗醫」四字。作「司」字，《太平御覽》卷七百二十一、《冊府元龜》卷八百五十八、《記纂淵海》卷八十七引《史記》同。毛本獨因形近而誤，陳校當從《史記》、尤本等正之。

與嵇茂齊書一首　　趙景真

昔李叟入秦　　注：《列子》曰：老子曰：睢睢而盱盱，而誰與居？

【陳校】

注「睢睢」上脫「而」字。

【集說】

胡氏《考異》曰：陳云：「曰下，脫而字。」是也，各本皆脫。

梁氏《旁證》曰：陳校「曰」下添「而」字。各本皆脫。

【疏證】

《集注》本、奎本有「而」字。明州本首脫「而」字，贛本、尤本、建本踵之。謹案：語見《列子・黃帝》，正有「而」字，《太平御覽》卷七百九、《古今事文類聚》續集卷十一、別集卷二十四引、《古今合璧事類備要》續集卷四十二「迎其家」注引並同。毛本當誤從尤本等，陳校當從《列子》等正之。

則山川幽隔

【陳校】

「幽」,「悠」誤。

【集說】

梁氏《旁證》曰:《晉書》「幽」,作「悠」。

許氏《筆記》曰:「幽」,《晉書》作「悠」。嘉德案:六臣茶、袁本亦作「悠」。

【疏證】

《集注》本及所引《鈔》、諸《文選》本咸作「悠」。謹案:《晉書》本傳作「攸」,《冊府元龜》卷九百四同。「攸」,「悠」之省借。朱珔《說文假借義證》:「《御覽》引《詩·子衿》作『攸攸我思』,《爾雅》釋文引《詩·十月之交》作『攸攸我里』,今二詩俱作『悠悠』。《心部》:『悠,憂也。』則攸,悠之省借也。」毛本獨因音近而誤,陳校當從尤本等正之。

斯所以怵惕於長衢,按轡而歎息也　注:喻身之危也。……本或有於長衢之下云:按轡而嘆息者,非也。

【陳校】

「按轡而歎息。」據注中語,則此五字疑衍。

【集說】

葉刻:少章云:「據注中語,則正文『按轡而歎息』五字,似衍。」

孫氏《考異》曰:何引「少章」云云。志祖按:《晉書·趙至傳》亦無此五字。

胡氏《考異》曰:「斯所以怵惕於長衢,按轡而歎息也。」袁本、茶陵本「也」上有「者」字。案:《晉書》無「按轡而歎息。」陳曰云云。是也。必五臣因注云:「本或有於長衢之下,云:按轡而歎息者」,故添六字,以異於善。二本失著校語也。詳此本乃修改增多。是初刻無,而所見仍不誤。尤延之不察,輒取五字,於是善以五臣亂之矣。當加訂正。

張氏《膠言》曰:「至若蘭苕傾頓,桂林杪植,根萌未樹,牙淺絃急,常恐風波潛駭,危機密發,斯所以怵惕於長衢,按轡而歎息也」注云:「本或有於長衢之下云:按轡而嘆息者。非也」。據此,則五字衍。陳少章校亦云。但

詳案上下文，此一段皆用韻。「按轡而歎息」，「息」字正與上數韻叶。此五字似不當從刪。

　　梁氏《旁證》曰：《晉書》無「按轡而歎息」五字。陳曰云云。張氏雲璈曰：「息字正與上數韻叶，似非衍文。」

　　姚氏《筆記》曰：何曰云云。

　　徐氏《糾何》曰：何曰云云。案：《晉書》亦無此五字，但循繹上文皆用韻，此「息」字正與上數韻叶。

　　胡氏《箋證》曰：張氏雲璈曰：「息字正與上數韻協，似非衍文。」

　　許氏《筆記》曰：「按轡而歎息。」依注當削此五字，《晉書》亦無。嘉德案：茶陵本、袁本皆有「按轡而歎息者也」句。胡曰：「必五臣因注故添此六字」。張曰：「注云：『本或有於長衢之下云：按轡而嘆息者。非也。』……此五字似不當從刪。」然，善本自無。

　　黃氏《平點》曰：「按轡而歎息」五字，當有。

【疏證】

　　諸《文選》本悉衍。《集注》本、《晉書》無此五字，《冊府元龜》卷九百四同。謹案：據善注，已可決善所據本無此句，陳、何校所據，是也。張氏所謂「息字正與上數韻叶」，不足以證此非衍，前胡謂「五臣因注故添六字，以異於善」，誠誅心五臣之論。尤本蓋誤從明、贛二本，毛本則誤從尤本等耳。許嘉德亦主五字衍，是也。張氏、後胡、黃氏三家，以「五字有韻未可刪」，皆非。袁本、茶陵本「也」上有「者」字，蓋宗祖奎本等。

奏韶華於聾俗

【陳校】

　　「華」，「舞」誤。五臣本作「武」。

【集說】

　　梁氏《旁證》曰：《晉書》亦作「武」。

【疏證】

　　尤本作「舞」，建本同，校云：五臣本作「武」。《集注》本及《鈔》作「武」。五臣正德本及陳本作「武」，奎本、明州本、贛本同，並有校云：善本作「舞」字。謹案：《藝文類聚》卷三十、《冊府元龜》卷九百四亦作「武」。

五臣作「武」，良注可證。奎本校有明文：善「舞」。毛本傳寫獨誤，陳校當從尤、建二本等，是也。

則有後慮之戒　注：後慮之戒，詩北土之性，難以託根於下也。

【陳校】

注「詩北土之性」。「詩」，「謂」誤。又「託根於下」。「於」，「以」誤。

【疏證】

《集注》本、奎本以下諸六臣合注本、尤本悉作「謂」、「以」。謹案：善注串釋詩意，但據上下文義，即可知作「謂」、「以」是。然則，毛本誤「詩」，蓋形近而誤；作「於」，擅改也。

慣氣雲踊

【陳校】

「慣」，「憤」誤。

【疏證】

《集注》本、諸《文選》本咸作「憤」。謹案：《晉書》本傳作「憤」，《冊府元龜》卷九百四同。毛本獨因形近而誤，陳校當從《晉書》、尤本等正之。

榮曜眩其前，豔色餌其後。良儔交其左，聲名馳其右。……弄姿帷房之裏。

【陳校】

此等語與叔夜不倫。豈有友善如仲悌，而故作此語乎？梁氏《旁證》

【集說】

梁氏《旁證》曰：「榮曜眩其前，豔色餌其後。良儔交其左，聲名馳其右。」又「弄姿帷房之裏」。陳曰：「此等語與叔夜不倫。豈有友善如仲悌，而故作此語乎？」案：此非呂安與嵇康。說詳前。

【疏證】

奎本以下諸六臣本、尤本悉同。《集注》本「帷」譌「惟」，餘同。謹案：此陳以本篇非呂安《與嵇康書》。《旁證》宗陳校說。陳校、梁氏說，當是。儲大文《存研樓文集・雜著・覈真》篇則否定陳校，蓋堅持本篇為安《與康書》

說也。儲曰：「晉干寶《晉紀》：太祖逐呂安遠郡。在路，作書與康。晉臧榮緒《晉書》：『……太祖徙安遠郡。即路與康書，太祖見而惡之。收安付廷尉，與康俱死。』然則，此書之屬仲悌，《晉紀》、《晉書》業已先唐貞觀時御製《晉書》而朗次之矣。李善《文選》註二說不同，故題云『景真』而書曰『安白』。李周翰曰：『《晉紀》國史，實有所憑，紹之家集未足可據。時紹以太祖惡安之書，又安與康同誅，懼時所疾，故移此書於景真。考其始末，是安所作，故以安為定。』此前賢覈真之指也。而或謂：『榮曜艷色諸語，擬康差不倫。』夫康娶魏宗女，而列籍中散大夫，又力能奔走太學諸生，故安辭及之。且以激其疎慵，而所謂大丈夫之憂樂者不存也」云云。其中「或謂」云云，似即就陳校而言者。參上嵇叔夜《幽憤詩》「好善闇人」條。梁氏「說詳前」者，見《旁證》「趙景真」注「故題曰『景真』而書曰『安白』」條。本條亦未見周鈔，惟見載《旁證》。

身雖胡越　注：《淮南子》曰：自其異者親之，肝膽胡越也。

【陳校】

　　注「自其異者親之。」「親」，「視」誤。

【疏證】

　　《集注》本、奎本以下諸六臣合注本、尤本悉作「視」。謹案：語見《淮南子·俶真》，正作「視」字，《莊子注·（德充符）》引「仲尼曰」亦有此語，作「視」，《記纂淵海》卷五十五引《莊子》同。本書曹子建《求通親親表》「殊於胡越」注作「視」。盧子諒《贈劉琨》「肝膽楚越」注引《莊子》亦作「視」。毛本獨因形近而誤，陳校當從本書內證、《淮南子》、尤本等正之。

與陳伯之書一首　丘希範

直以不能內審諸己　注：《呂氏春秋》曰：君子必審諸己，秋後任。

【陳校】

　　注「秋後任。」「秋」，「然」誤。

【疏證】

　　奎本以下諸六臣合注本、尤本悉作「然」。謹案：語見《呂氏春秋·遇合》，

正作「然」。本書魏文帝《典論論文》「蓋君子審己以度人」注同。毛本獨因形近而誤，陳校當從《呂氏春秋》、本書內證、尤本等正之。

沈迷猖獗　　注：劉公幹《雜詩》曰：沉迷領簿書。

【陳校】

注「沉迷領簿書。」「領簿」當乙。

【集說】

顧按：此不當倒。

胡氏《考異》曰：注「沈迷領簿書。」陳曰云云。是也，各本皆倒。

梁氏《旁證》曰：陳校「領簿」二字上下互乙。各本皆倒。

【疏證】

奎本以下諸六臣合注本、尤本悉倒。謹案：劉詩載在本書，正作「簿領」，善注：「簿領，謂文簿而記錄之。」《古今事文類聚》別集卷二十二、《文章正宗》卷二十二上並作「簿領」。任淵《山谷內集詩注‧和答子瞻和子由常父憶館中故事》「道山非簿領」注、史容注《山谷外集詩‧次韻答楊子聞見贈》「歎嗟簿領困書生」注引《文選》，並作「簿領」。顧按語中「此」字，謂尤本。毛本當誤從尤本等，陳校當從本書內證等乙之。誤倒，或始自奎本歟？

推赤心於天下　　注：《東觀漢記》曰：賊將曰：漢王推赤心置人腹中。

【陳校】

注「漢王」。「漢」，「蕭」誤。

【集說】

余氏《音義》曰：六臣「漢」作「蕭」。

梁氏《旁證》曰：毛本「蕭」誤作「漢」。

【疏證】

奎本以下諸六臣合注本、尤本悉作「蕭」。謹案：事見《東觀漢記‧世祖光武皇帝》，正作「蕭」字。《後漢書‧光武帝紀》：「更始，遣侍御史持節，立光武為蕭王。」《白孔六帖》卷五十五「推赤心」注引同。本書吳季重《答魏太子牋》「雖年齊蕭王」注：「《東觀漢記》曰：『更始遣使者立光武為蕭王。』」並可為佐證。毛本傳寫獨誤，陳校或不必手披《東觀漢記》，應手而正之也。

朱鮪涉 丁牒切。與喋同 血於友于 注：如淳《漢書注》曰：殺血滂沱為喋血。

【陳校】

注「與喋同」三字，當在下如淳注「喋血」下。「與」上脫一「涉」字。

【集說】

胡氏《考異》曰：注「為喋血」。袁本、茶陵本「血」下，有「涉，與喋同。丁牒切」七字。是也。無正文「涉」下「丁牒切。與喋同」六字。案：此割裂善音之誤。

許氏《筆記》曰：「朱鮪涉血於友于。」「涉」下注「丁牒切。與喋同」，當移下注中。《漢書·文帝紀》：「新喋血京師」師古曰：「喋，音大頰反。本字當作蹀，謂履涉之耳。」《史記》作「啑」，《正義》：「音歃」。

【疏證】

尤本同。奎本正文「涉」下有「丁牒」、如注「血」下，有「涉，與喋同」四字。明州本、贛本、建本「同」下有「丁牒切」，餘同奎本。謹案：正文「涉」下，五臣正德本、陳本有「丁牒」，可證此為五臣音注。尤本改用善注「丁牒切」，然復誤取善注「涉，與喋同」而奪「涉」字，誤中有誤，毛本不能辨。奎本因正文下有五臣音注，而刪善注中音注，亦非。前胡「割裂善音」說，甚是，復稱引袁、茶二本而省引陳校。

吞舟是漏 注：《鹽鐵論》曰：綱漏吞舟之魚。

【陳校】

注「綱漏」。「綱」，「網」誤。

【疏證】

奎本以下諸六臣合注本、尤本悉作「網」。謹案：語見《鹽鐵論·論菑》，正作「網」。《漢書·刑法志》、《後漢書·王暢傳》並有此語，作「網」。毛本獨因形近而誤，陳校無須披《鹽鐵論》、尤本等，應手可正者爾。

奉疆埸之任 注：《左氏傳》曰：疆吏來告曰疆埸之事，慎守其一。

【陳校】

注「疆吏來告曰」。「曰」，「公」誤。

【疏證】

奎本以下諸六臣合注本、尤本悉作「公」。謹案：《太平御覽》卷三百八引誤同毛本。語見《春秋左傳注疏·桓公十七年》，正作「公曰」字，《冊府元龜》卷二百四十八引同。毛本傳寫偶奪「公」字，陳校當作「曰上脫公字」。此周鈔《舉正》傳寫迻錄之譌。

姚泓之盛，面縛西都　注：沈約《宋書》又曰：公以荆師進討。

【陳校】

注「公以荆師」。「荆」，「舟」誤。

【疏證】

奎本以下諸六臣合注本、尤本悉作「舟」。謹案：事見《宋書·武帝本紀》中，正作「舟」。本書謝宣遠《張子房詩》題下注引亦作「舟」。毛本獨傳寫而誤，陳校當從《宋書》、本書內證、尤本等正之。

北虜潛盜中原，多歷年所　注：魏收《後魏書》曰：太祖道武諱珪，改稱。都平城。《尚書》：周公曰：故殷陟配天，多歷年所。

【陳校】

注「改稱」下，脫「魏王」二字。又「故殷陟配天。」「陟」上，脫「禮」字。

【集說】

余氏《音義》曰：「改稱」下，何增「魏王」二字。

胡氏《考異》曰：注「故殷陟配天。」陳云「陟上脫禮字。」是也，各本皆脫。

梁氏《旁證》曰：毛本脫「魏王」二字。又曰：陳校「陟上添禮字。」各本皆脫。

【疏證】

奎本以下諸六臣合注本、尤本悉有「魏王」二字。奎本有「禮」字。明州本首脫，贛本、尤本、建本脫同。謹案：「改稱」，事見《魏書·太祖紀》，正有「魏王」二字，《太平御覽》卷一百一引《魏書》同，本書任彥昇《奏彈曹景宗》「王師薄伐」注引亦同。毛本獨傳寫偶脫，陳、何校當據《魏書》、本書

內證、尤本等補之。周公語，見《尚書注疏·君奭》正有「禮」字，史季溫《山谷別集詩注·戲用題元上人此君軒詩韻——》「此道沈霾多歷年」注、本書沈休文《宋書·謝靈運傳論》「自靈均以來多歷年代」注引並同。毛本蓋誤從尤本等，陳校當據《尚書》、本書內證等正之。

況偽嬖昏狡　注：魏收《後漢書》曰：⋯⋯景明三年，蕭衍廢其主寶融，〔自〕僭立稱梁。

【陳校】

注「《後漢書》」。「漢」，「魏」誤。又「寶融」。「寶」，「寶」誤。

【疏證】

奎本以下諸六臣合注本、尤本悉作「魏」、「寶」。謹案：事見《後魏書·世宗紀》，正作「寶融」，《太平御覽》卷一百三引並同。二字，毛本獨傳寫而誤，陳校當從《後魏書》、尤本等正之。

部落攜離，酋豪猜貳　注：《晉中興書》曰：屠各取豪貴。《國語》：伯陽父曰：國之將立，百姓攜貳。

【陳校】

注「取豪貴」。「取」，「最」誤。又「國之將立。」「立」，「亡」誤。

【集說】

胡氏《考異》曰：注「屠各取豪貴。」陳云：「取，最誤。」是也，各本皆誤。

梁氏《旁證》曰：陳校「取」改「最」。

【疏證】

奎本以下諸六臣合注本、尤本悉誤「取」、作「亡」。謹案：《晉書·匈奴》亦有「屠各最豪貴」之說，《太平寰宇記·南匈奴》同，皆可為當作「最」佐證。伯陽父語，見《國語·周語上》，正作「亡」字。按之上下文義，亦當作「亡」，不得為「立」，明甚。奎本因形近誤「取」，毛本則誤從尤本等，陳校當據《晉書》正之。毛本獨誤「立」，則傳寫譌耳，陳校當據上下文義、《國語》、尤本等正之。

而將軍魚游於沸鼎之中　注：袁崧《後漢書》。

【陳校】

　　注「袁崧」。「崧」，當作「山松」。

【集說】

　　梁氏《旁證》曰：「崧」，當作「山松」。案：姚氏之駰輯《袁山松書》，此則亦採入。

【疏證】

　　奎本、贛本、尤本、建本同。明州本作「山松」。謹案：本書袁彥伯《三國名臣序贊》「鬱為時棟」注、范蔚宗《後漢書皇后紀論》「燋爛為期」注皆作「崧」。「崧」，與「山松」是非，久為懸案。姚之駰《袁崧後漢書序》亦云：「袁崧，亦作袁山松。」又云：「與袁宏為從昆弟」，則為單名可能不小。然《後漢書·景祐刊正劄子》則作「（《後漢書》）祕書監袁山松作一百卷」，《資治通鑑·晉紀·安皇帝丙》「吳國內史袁崧築滬瀆壘以備恩」胡注：「袁崧，當作袁山松」等並持「山松」說，故無妨兩存之，陳不必改也。毛本當從尤本等，陳校則從他書耳。

見故國之旗鼓　注：袁宏《漢獻帝春秋》：臧洪《報袁紹書》曰：每登城勤兵，望主人之旗鼓。

【陳校】

　　注「袁宏」。「宏」，「暐」誤。「登城勤兵」。「勤」，「勒」誤。

【集說】

　　余氏《音義》曰：「袁宏」、「勤兵」。「宏」，何改「暐」、「勤」，改「勒」。

　　胡氏《考異》曰：注「袁宏《漢獻帝春秋》。」何校「宏」改「暐」，陳同。各本皆誤。案：《隋·經籍志》云：「十卷，袁曄撰」，可證也。

　　梁氏《旁證》同胡氏《考異》。

　　許氏《筆記》曰：注「袁宏」，何改「袁暐」。案：《魏志》注引作「袁暐」。《獻帝春秋》，《隋、唐》二《志》並作「袁曄」。嘉德案：胡曰：「《隋·經籍志》」云云。何校從《魏志》注改「暐」，疑傳寫誤。陳校改「曄」。

【疏證】

　　奎本以下諸六臣合注本、尤本悉誤「宏」、作「勒」。謹案：「袁暐《獻帝

春秋》」，見《魏志·武帝》裴注；作「曄」者，載在《隋、唐》二志。《冊府元龜》卷五百五十五亦同《隋書》。王應麟《玉海·漢春秋》：「袁曄《獻帝春秋》十卷」注：「《魏志注》引袁曄《獻帝春秋》」，則以裴注亦作「曄」。元·郝氏《續後漢書自序》云：「三國事涉漢、晉，參出互見。百有餘年，諸所記註，不啻數十百家。其行於世者：漢史，則華嶠《漢書》、謝承《後漢書》、司馬彪《續漢書》、袁宏《漢紀》、袁曄《獻帝春秋》。」是為目擊，仍以裴注作「曄」。至明人，有合曄、曄為一人者。明·顧起元《說略·典述》中謂：「裴松之注《三國志》，亦旁引諸書。……今觀其所載：如孫盛《異同雜語》、孫盛《雜記》；袁曄（一名曄）《獻帝春秋》、《魏武故事》、《獻帝起居注》。《四庫》本明·徐應秋《玉芝堂談薈》卷三十同，而作「袁曄，一名煜」，蓋館臣諱清改然則，作「曄」、作「曄」，皆得，故余氏《音義》錄何校作「曄」，前胡錄何校則為「曄」也。臧洪《書》，見《魏志·臧洪傳》，正作「勒」字，毛本蓋獨傳寫形近而誤，陳、何當從《魏志》、尤本等正之；毛本作「宏」，則誤從尤本等耳，陳、何據史志正之。

撫弦登陴 注：《左氏傳》曰：晉邊吏讓鄭曰：今執事櫩然，授兵登陴。

【陳校】

　　注「櫩然」。「櫩」，「擱」誤。

【疏證】

　　奎本以下諸六臣合注本、尤本悉作「擱」。謹案：語見《春秋左傳注疏·昭公十八年》，正作「擱」。本書潘安仁《馬汧督誄》「暍然馬生，傲若有餘」注引《左氏傳》亦作「擱」，又曰：「擱，與暍同」。《古今韻會舉要·簡韻》「擱」下云：「忿貌。《左傳》：擱然授兵登陴，通作櫩。唐《王叔文傳》：櫩然以為天下無人」。擱、暍、櫩、擱、櫩五字同。「櫩」與「擱」二字，古人俗寫不分「木」、「才」旁，毛本不能訂正。陳校當從《左傳》、本書內證、尤本等正之耳。

豈不愴恨

【陳校】

　　「恨」，「悢」誤。

【集說】

孫氏《考異》曰：何云：「悢，力上切，詳《北征賦》注中。今諸刻作恨者。非。」

許氏《筆記》曰：「恨」，當為「悢」。力向反。

【疏證】

諸《文選》本俱作「悢」。尤氏《考異》曰：「五臣恨作悢。」謹案：《梁書》卷二十、《南史》卷六十一《陳伯之傳》悉誤，《藝文類聚》卷二十五，《冊府元龜》卷四百十六同。本書班叔皮《北征賦》「心愴悢以傷懷」注：「《廣雅》曰：『愴愴、悢悢。悲也。』悢，力上切。」毛本誤從史志，陳、何校當從本書內證、尤本等正之。

廉公之思趙將，吳子之泣西河　注：《史記》曰：趙王思復得廉頗，應頗亦思復用於趙。《呂氏春秋》曰：武侯使人召吳起，至岸門止車而立，望西泣數下。

【陳校】

注「應頗亦思復用於趙。」「應」，「廉」誤。又「望西泣數行下。」「泣」上脫「河」字。

【集說】

余氏《音義》曰：「望西」下，何增「河」字。

梁氏《旁證》曰：毛本脫「河」字。

【疏證】

奎本以下諸六臣合注本、尤本悉作「廉」、有「河」字。謹案：廉頗事見《史記·廉頗列傳》，正作「廉頗」字。但觀上文「趙王思復得廉頗」，亦可證，必為「廉」字。毛本獨形近而誤，陳校當從《史記》、尤本等正之。吳起事見《呂氏春秋·仲冬紀》，「望西」下，正有「河」字。《白孔六帖》卷六十四「吳起泣西河」注引同。何校、梁說皆是。按其下文「其僕曰：竊觀公之志，視天下若舍履，今去西河而泣，何也？」亦證下當有「河」字。毛本傳寫偶脫，陳、何當從《呂氏春秋》、尤本等補之。

夜郎滇池解辮請職　朝鮮昌海蹶角受化　注：《漢書》又曰：始楚威王時，使將軍莊蹻將兵略巴黔中。蹻至滇池。《孟子》曰：武之伐殷也。

【陳校】

注中兩「莊蹻」，並「莊蹻」誤。又「武之伐殷」。「之」上，脫「王」字。

【集說】

胡氏《考異》曰：注「使將軍莊蹻」。陳曰云云。是也，各本皆譌。

梁氏《旁證》曰：陳校「蹻」改「蹻」。下同。各本皆誤。

許氏《筆記》曰：注「莊蹻」。何云：「蹻，今本《漢書》作蹻，居略反。此作蹻，疑所見之本不同。」案：「蹻」是「蹻」非。嘉德案：陳亦云「蹻，蹻誤」。

【疏證】

奎本以下諸六臣合注本、尤本悉作「蹻」、有「王」字。謹案：《漢書》語見《西南夷傳》，今本正作「蹻」，《史記·西南夷列傳》、《前漢紀·孝武二》亦並同。前胡、梁氏說是。作「蹻」者非。毛本當誤從尤本等，何疑版本不同，陳則據《史》、《漢》等正之。胡氏《考異》以此為陳校，與周鈔《舉正》合，許氏或據何校本迻錄。《孟子》，見《盡心》篇，正有「王」字，《玉海》卷一百四十六引同，本書陸佐公《石闕銘》「厥角稽顙」注引亦同。毛本傳寫獨脫，陳校當據《孟子》、本書內證、尤本等補之。

聊布懷往　注：顏延之《和謝靈運詩》曰：聊用布所懷。

【陳校】

「聊布懷往」，下二字當乙。

【疏證】

奎本以下諸六臣合注本、尤本悉作「往懷」。謹案：《南史·陳伯之傳》，正作「往懷」，宋·任廣《書敘指南·書簡誨語》「作書曰：聊布往懷」，亦作「往懷」，注所引正匠《書》。顏詩載在本書，善注云：「言盡其所懷。《蒼頡篇》曰：懷，抱也」。玩味顏詩及善注，亦當作「往懷」。毛本傳寫偶倒，陳校當從史志、注文文義、尤本等乙正之。

重答劉秣陵沼書一首　　劉孝標

劉孝標　注：劉峻《自序》曰：生於秣陵縣。八歲，遇粲梓顛覆，……後隱東陽金華止。

【陳校】

「袜」，「秣」誤。「遇粲梓顛覆。」「粲」，「桑」誤。「金華止」。「止」，「山」誤。

【疏證】

奎本、贛本、尤本、建本作「秣」、「桑」、「山」。明州本省作「李善同良注」，作「桑」、「山」，無「生於秣陵縣」字。謹案：但觀標題「重答劉秣陵沼書」注引劉璠《梁典》曰「劉沼為秣陵令」及下條「值余有天倫之戚」云云，已可斷「袜」必為「秣」之誤矣。史志大祇謂峻「平原人」，本《書》可補鄉里之闕。毛本皆因形近而誤，陳校當從上下文義、尤本等正之。

值余有天倫之戚　　注：《穀梁》曰：兄弟，天倫也。何休曰：兄先弟後，天之倫次。

【陳校】

注「《穀梁》」下，脫「傳」字。

【疏證】

奎本以下諸六臣合注本、尤本悉有「傳」字。謹案：語見《春秋穀梁注疏·隱公元年》。本書沈休文《齊故安陸昭王碑文》「天倫之愛」注、任彥昇《齊竟陵文宣王行狀》「拊搏天倫」注引並有「傳」字。毛本傳寫偶脫，陳校當從本書內證、《穀梁傳》、尤本等正之。

青簡尚新，宿草將列

【陳校】

「宿」上脫「而」字。

【疏證】

五臣正德本及陳本同。奎本、明州本「新」下，校云：善本有「而」字。贛本「新」下，有「而」，校云：五臣本無「而」字。建本「新」作「而」，校

云：五臣本作「新」。尤本有「而」字。謹案：《梁書》本傳、《藝文類聚》卷三十四皆有「而」字。今但觀上文云：「余悲其音徽未沫，而其人已亡」，即可決善本「宿」上必有「而」字。建本脫一「新」字。善有、五臣無，奎本校已明言。毛本傳寫偶脫，陳校當從《梁書》、上下文義、尤本等補之。

雖隙駟不留　注：《墨子》曰：譬之猶駟而過。古馳隙字也。

【陳校】

注「古馳隙字。」「古」上脫「郄」字、「馳」字當在「郄」字上。

【疏證】

奎本、尤本「過」下有「郄也郄」三字、無「馳」字。明州本、建本「過」下有「郄也郄」三字，餘同毛本。贛本「過」下作「郄，古馳隙字也。」謹案：今本《墨子·兼愛下》，作「譬之猶馳駟而過隙也。」毛本略同贛本。若準今本《墨子》，則陳校「古」上補「郄」字外，當作「馳字，在駟字上」，方安。或在「駟」下，則如清·馬驌撰《繹史·楊朱墨翟之言》：「譬之猶駟馳而過隙也。」又，「郄，古隙字也」蓋善注。故陳校若從尤本校，亦得。徐氏《規李》則案曰：「若駟之過隙，出《禮記·三年問》。此當引經，不宜引子。」其說亦是。此論善注之誤引也。

若使墨翟之言無爽　注：《墨子》曰：必死吾君之。期三年。

【陳校】

注「必死吾君之。」「死」，「使」誤、「之」上脫「知」字。

【集說】

余氏《音義》曰：「必死」、「之期」。何「死」改「使」，「之」上增「知」字。

梁氏《旁證》曰：注「必使吾君知之。」毛本「使」誤作「死」。

【疏證】

奎本、明州本、尤本作「使」、有「知」字。贛本、建本作「使」、脫「知」。謹案：語見《墨子·明鬼上》，作「使」、有「知」字。毛本誤「死」，當吳語音近而誤；脫「知」，則誤從贛本系統耳。陳校當從《墨子》、尤本等正之。

冀東平之樹，望咸陽而西靡；蓋山之泉，聞絃歌而赴節　注：《聖賢蒙墓記》曰：……無鹽人傳云：思王歸國京師。後葬，其蒙上松栢西靡。《宣城記》曰：……昔有舒氏女，與其父折薪此泉，處坐，牽挽不動。

【陳校】

注「思王歸國京師」。「思」字，當在「國」字下。又「折薪此泉處坐」。「折」，「析」誤、「處」，「遽」誤。

【集說】

胡氏《考異》曰：注「思王歸國京師」。陳云：「思字，當在國字下。」是也，各本皆倒。

梁氏《旁證》曰：陳曰：「思字，當在國字下。」是也。

姚氏《筆記》曰：何云：「注有脫文。」範按：《東平王宇傳》小顏注引《皇覽》云：「人傳言：王在國，思歸京師」云云。

【疏證】

奎本、贛本、尤本、建本「無鹽人傳」二十字，同。作「析」、「處」。明州本省作「東平樹事，出《聖賢蒙墓記》」（無「無鹽人傳」云云）、「蓋山泉事，出《宣城記》。」謹案：天津藝術博物館藏敦煌本《文選注》曰：《（黃）〔皇〕覽冢墓（禮）〔記〕》云：「漢東平思王枉事，不得向西京葬之，遂於東平。昔每怨，及葬訖，其墓上松柏等樹，悉西靡而望長安。」《漢書‧東平思王宇傳》「三十三年，薨」師古曰：「《皇覽》云：『東平思王冢在無鹽。人傳言：王在國，思歸京師。後葬。其冢上松栢皆西靡也。』」毛本當從尤本等，陳校當從《漢書》顏注乙正。何云「注有脫文」亦是，然文獻闕如，今不能補焉。《太平御覽》卷五百七十二載「紀義《宣城記》曰：『臨城縣南三十里，有蓋山。登百步許，有舒姑泉。俗傳云：有舒氏女，未適人。與其父採薪於此。女坐泉處，牽挽不動。遽告家。比還，唯見清泉湛然』」云云。《述異記》卷上亦作「女坐泉處，忽牽挽不動。父遽告家」云。毛本因形近誤作「折」；作「處」，則從尤本等。陳校改「處」為「遽」，亦非，蓋此間如上例，亦有闕文。當從《御覽》改。

但懸劍空隴 注：劉向《新序》曰：延陵季子將西聘晉，帶寶劍以過徐君，不言而色欲之。

【陳校】

注「以過徐君」下，脫「徐君」二字。

【集說】

姚氏《筆記》曰：按：「徐君」下，脫重「徐君」二字。

【疏證】

奎本脫同。明州本省作「善曰，已見翰注」，翰注重「徐君」。贛本、尤本、建本皆重「徐君」。謹案：事見《新序·節士》，正重「徐君」字。《冊府元龜》卷八百六十四、《樂府詩集·徐人歌》引《新序》作：「過徐君。徐君觀劍不言，而色欲之」，並重「徐君」字，《九家集注杜詩》、《補注杜詩·別房太尉墓》「把劍覓徐君」注並同。本書謝靈運《盧陵王墓下作》「延州協心許」注、曹子建《贈丁儀》「思慕延陵子」注並重。毛本傳寫偶奪，或所據本亦脫。陳校當從本書內證、《新序》、尤本等補之。

移書讓太常博士一首　　劉子駿

【陳校】

題前脫「移」字一行。

【集說】

胡氏《考異》曰：陳曰云云。是也，各本皆脫。又卷首子目亦然。

梁氏《旁證》曰：陳校曰云云。

黃氏《平點》曰：題前，以意補「移」字一行。又，《平點》卷首目錄作：「移。意補一行。」

【疏證】

諸《文選》本同，題前悉脫「移」字一行。日本古抄白文無注本有「移」一行。謹案：毛本當從尤本等，五臣正德本及陳本卷首《目錄》皆有類題「移」字一行，陳校、黃補，不為無根之說，然是否善注之舊，尚難遽定。

咸倉胄武夫

【陳校】

「倉」，「介」誤。

【疏證】

諸《文選》本咸作「介」。謹案：五臣作「介」，濟注可證。語見《漢書·劉歆傳》，正作「介」，《冊府元龜》卷五百九十九、《文章正宗》卷十四同。《玉篇·八部》：「介，甲也」。「介」，「甲」之叚字。「甲胄」詞，作「倉」定誤。毛本獨傳寫而誤，陳校無須披《漢書》、尤本等，可應手而正焉。

《詩》已萌牙

【陳校】

「已」，「始」誤。

【集說】

梁氏《旁證》曰：毛本「始」，誤作「已」。

【疏證】

奎本以下諸六臣合注本、尤本悉作「始」。謹案：語見《漢書·劉歆傳》，正作「始」，《玉海》卷三十八同。毛本傳寫偶誤，陳校當從《漢書》、尤本等正之。又，「牙」字，《漢書》同，諸《文選》本悉作「芽」。此又毛本好用古字之證。《說文·艸部》：「芽，萌芽也。」段注：「古多以牙為芽。」是其證。附論之。

魯恭王壞孔子宅，欲以為宮，而得古文於壞壁之中。逸《禮》有三十九篇、《書》十六篇 注：《漢書》曰：武帝末，魯恭公壞孔子宅，欲以廣宮。而得古文《尚書》及《禮》、《論語》、《孝經》。孔安國……以考三十九篇，得多十六篇。

【陳校】

注「魯恭公」。「公」，「王」誤。「三十九篇」。「三」，「二」誤。

【疏證】

奎本以下諸六臣合注本、尤本悉作「王」、「二」。謹案：語見《漢書·藝

文志》、《劉歆傳》，並作「王」、「二」，《冊府元龜》卷六百八同，並有注云：「壁中書多以考。見行二十九篇之外，更得十六篇」。《北堂書鈔》卷一百一「壞孔子宅，得古文經傳」注亦作「王」。毛本傳寫誤「公」，涉正文而誤作「三」，陳校當從《漢書》、尤本等正之。

為古文舊書

【陳校】

「為」上，脫「其」字。

【集說】

梁氏《旁證》曰：六臣本、《漢書》並無「為」字。

許氏《筆記》曰：「為」上，何加「其」字。

【疏證】

奎本、明州本作「其」，校云：善本有「為」字。贛本、建本作「為」，贛、建本作「為」，贛本校云：五臣無「為」字，而建本則云：五臣作「其」。尤本作「其為」。五臣正德本作「其」無「為」，陳本並無「其為」字。謹案：贛、建兩家校語、所見五臣本已歧出。《漢書》作「其古文舊書」，《冊府元龜》卷五百九十九、《文章正宗》卷十四等，同。考《漢紀·孝哀二》作「其為」。今據上下文意，亦以作「其為」字為穩。疑《漢書》脫「為」字。尤本蓋從明州本校語，乃善本真面目，與《漢紀》合。毛本當從贛、建二本，陳、何校所依則尤本也。

北山移文一首　孔德璋

夫以耿介拔俗之標　注：孫盛《晉陽春秋》曰。

【陳校】

注「《晉陽春秋》」。「春」字，衍。

【疏證】

奎本、贛本、尤本無「春」字。明州本、建本衍。謹案：毛本誤從建本等，陳校當從贛、尤二本等正之。參見上張士然《為吳令謝詢求為諸孫置守冢人表》「題下注：孫盛《晉陽春秋》曰」條。

屣萬乘其如脫　注：《淮周子》曰：堯年衰志閔。舉天下而傳之。

【陳校】

注「《淮周子》」。「周」，「南」誤。

【疏證】

奎本以下諸六臣合注本、尤本悉作「南」。謹案：事見《淮南子·主術》篇，固當作「南」，《太平御覽》卷六百九十八引、《北堂書鈔》卷一百三十六「舉天下如釋屣」注並同。毛本傳寫偶誤，陳校當從《淮南子》、尤本等正之。

仲氏既往　注：范曄《後漢書》曰：仲長統，字公理，山陽人也。性俶儻，默語無常。每州郡命召，輒稱疾不就。

【陳校】

注引《統傳》，應兼引「思卜居清曠，以樂其志」語。

【疏證】

奎本以下諸六臣本、尤本等悉同。謹案：本書謝靈運《田南樹園激流植援》「清曠招遠風」注引范《書》「輒稱疾不就」下，正有「仲長統曰：欲卜居清曠，以樂其志」云云。任彥昇《齊竟陵文宣王行狀》「良田廣宅，符仲長之言」注引亦有此語。此陳校所據。據上下文義，當從陳校。

世有周子　注：蕭子顯《齊書》曰：周顒……建元中，為長沙王後軍參軍令。

【陳校】

注「後軍參軍令」。「軍」下，脫「山陰」二字。

【疏證】

奎本以下諸六臣合注本、尤本悉有「山陰」二字。謹案：事見《南齊書》、《南史》、《通志·周顒傳》並有「山陰」二字。毛本傳寫偶脫，陳校當從史志、尤本等補之。

或歎幽人長往　注：《西征賦》曰：愪山潛之逸士。

【陳校】

注「愪山潛」。「愪」，「悟」誤。

【疏證】

明州本、尤本、建本同。奎本、贛本作「悟」。謹案：《西征賦》載在本書，正作「悟」，下文「陋吾人之拘攣」注曰：「言已闚行藏之明，而有蔽繆之累，故悟山潛之為是，陋拘攣之寔非。」足證潘賦本意為「悟」。本條亦不得如前胡解阮詩，以「悞」為「悟」之「借用」，故作「悞」者，非。本書范蔚宗《逸民傳論》「長往之軌未殊」注引作「悟」。毛本蓋誤從尤本、建本等，陳校則從贛本、潘賦、本書內證等正之。參上阮籍《詠懷詩》「乃悞羨門子」條。

覈玄玄於道流　注：《漢書》曰：道家流者，出於史官。曆記成敗存亡禍福。

【陳校】

注「曆記」。「曆」，「歷」誤。

【疏證】

奎本、明州本、建本同。贛本作「厤」諱清，下「止」，改「心」。尤本作「歷」。謹案：語見《漢書·藝文志》，作「歷」。《說文新附·日部》：「曆，厤象也。從日厤聲。《史記》通用歷」。鄭珍新附考：「按歷乃曆象本字，非通用也。」依鄭考，毛本從建本等，非；陳校正之，是也。

鶴書赴隴　注：蕭子良《古今篆隸文體》曰：鶴頭書與偃波書，俱招板所用。

【陳校】

注「招板所用」。「招」，「詔」誤。

【集說】

梁氏《旁證》曰：毛本「詔」誤「招」。

【疏證】

奎本以下諸六臣合注本同。尤本作「詔」。謹案：嘉定本《兩漢詔令·洪咨夔原序》正作「詔板」字。宋·朱長文《墨池編·唐韋續纂五十六種書》引同。李劉《四六標準·賀趙尚書知平江府》「尺一之留甚堅」注引亦作「詔」。毛本當誤從建本等，陳校當從尤本等正之。

至其紐金章 注：《漢書》：萬戶以上為令，秩千石溫六百石。

【陳校】

注「溫六百石」。「溫」，「至」誤。

【疏證】

奎本以下諸六臣合注本、尤本悉作「至」。謹案：事見《漢書·百官公卿表》，正作「至」字。《太平御覽》卷二百六十六、宋·王益之《西漢年紀·高祖》引、《北堂書鈔》卷七十八「漢萬戶以上為令」注引並同。毛本傳寫偶誤，陳校當從《漢書》、尤本等正之。

張英風於海甸，馳妙譽於浙右 注：《字書》曰：江水東至會稽山陰為浙右。

【陳校】

此謂周子為鄈令也。鄈，屬會稽郡，地在浙水之左。下句言鄈邑政聲，方遠達浙右耳。注引《字書》既云「江水東至會稽山陰」，似不當言為「浙右」，疑有誤也。

【集說】

胡氏《考異》曰：注「江水東至會稽山陰為浙右。」陳云：「似不當言『為浙右』，疑有誤也。」案：陳所說最是，「右」，當作「江」。考《說文·水部》「浙」字下與善所引《字書》文同，可證「右」字必涉正文誤改也。

張氏《膠言》曰：注引「《字書》曰：江水東至會稽山陰為浙右。」胡中丞云：「考《說文·水部》浙字下與善所引《字書》文同，右，作江字。此作右，必涉正文而誤也。」雲璈按：文中「浙右」云云，指「海鹽令」。

梁氏《旁證》曰：陳曰：「似不當言『為浙右。』」胡公《考異》曰：「右，當作江」云云。

【疏證】

奎本以下諸六臣合注本、尤本悉作「右」。謹案：傳寫者涉正文誤改，奎本以下不能正。毛本當誤從尤本等，陳校蓋從地理疑之，前胡以《說文》證實之，是。《字書》亦多從《說文》。檢《南齊書·顧傳》「顧解褐海陵國侍郎。益州刺史蕭惠開賞異顧，攜入蜀為厲鋒將軍，帶肥鄉、成都二縣令。轉惠開輔國府參軍將軍，令如故，仍為府主簿。……宋明帝以顧有辭義，引入殿內

親近宿直……轉安成王撫軍行參軍。元徽初，出為剡令。……還，歷邵陵王南中郎三府參軍。太祖輔政，引接顗……轉齊臺殿中郎。建元初，為長沙王（參軍）後軍參軍，山陰令。……還，為文惠太子中軍錄事參軍……文惠在東宮，顗（還）[遷]正員郎。始興王前軍諮議。直侍殿省，復見賞遇……顗卒官時，……官為給事中。」終篇未見有任海鹽令事。張以「文中浙右，指海鹽令。」其說蓋出五臣向注，亦非。

籠張趙於往圖 注：《漢書》又曰：趙廣漢，字子都。為陽翟令，以化行九異，遷京輔都尉。

【陳校】

注「以化行九異。」「九」，「尤」誤。

【疏證】

奎本以下諸六臣合注本、尤本悉作「尤」。謹案：事見《漢書·趙廣漢傳》，作「治行尤異」。《冊府元龜》卷七百二、《玉海》卷一百十八同。毛本獨因形近而誤，陳校當從《漢書》、尤本等正之。「治」，諸本作「化」，蓋唐諱。傳寫而改。

希蹤三輔豪 注：《漢書》曰：內史，武常更名京兆尹。

【陳校】

注「武常」。「常」，「帝」誤。

【疏證】

奎本以下諸六臣合注本、尤本悉作「帝」。謹案：事見《漢書·百官公卿表》，正作「帝」，《通典·京尹》曰：「周官有內史，秦因之掌治京師。漢景帝二年，分置左右內史。武帝太初元年，更名右內史為京兆尹」。本書張平子《西京賦》「統以京尹」注、王元長《永明十一年策秀才文》「片言而求三輔」注、王仲寶《褚淵碑文》「丹陽京輔」注並作「帝」。毛本獨形近偶誤，陳校當從本書內證、《漢書》、尤本等正之。

秋桂遺風

【陳校】

「遺」，「遺」誤。

【集說】

胡氏《考異》曰:「秋桂遺風。」袁本、茶陵本「遺」作「遺」,是也。何校「遺」,改「遺」。

梁氏《旁證》曰:尤本「遺」作「遺」,何校依六臣本改「遺」。是也。

【疏證】

贛本、尤本同。五臣正德本及陳本、奎本、明州本、建本作「遺」。謹案:《會稽志》卷二十、《海錄碎事》卷八下、《古今事文類聚·前集》卷三十三並作「遺」,而《九家集注杜詩·秋興二》「請看石上藤蘿月」注引則作「遺」,黃鶴《補注杜詩》同。「遺」、「遺」形近,古籍屢淆。然今觀其下句云「春蘿罷月。」遺者,亡也。則作「遺」似更切對「罷」字。毛本從尤本等,陳、何校則從袁本等,兩存之可也。

浪拽上京 注:王逸曰:船舷也。

【陳校】

注「王逸曰」。「曰」下脫「叩」字。

【集說】

胡氏《考異》曰:注「船舷也」。陳云:「船上脫叩字。」是也,各本皆脫。

梁氏《旁證》曰:陳校「船」上添「叩」字。各本皆脫。

【疏證】

奎本以下諸六臣合注本、尤本脫同。謹案:語係本書屈平《漁父》「鼓枻而去」逸注,有「叩」字。《楚辭章句》同,本書郭景純《江賦》「詠採菱以叩舷」注、陶淵明《辛丑歲七月赴假還江陵夜行塗口》「叩枻親月舷」注引並同。毛本當誤從尤本等,陳校當從《楚辭章句》、本書內證等補之。

文選卷四十四

喻巴蜀檄一首　　司馬長卿

稽顙來享　注：《禮記》：孔子曰：拜之而後稽顙。

【陳校】

　　注「拜之」。「之」字衍。

【集說】

　　胡氏《考異》曰：注「拜之而後稽顙。」陳曰云云。是也，各本皆衍。

　　梁氏《旁證》曰：「之」字衍。

【疏證】

　　奎本以下諸六臣合注本、尤本悉衍。謹案：語見《禮記注疏‧檀弓上》，無「之」字，《太平御覽》卷五百四十二引《檀弓上》亦作「孔子曰：拜而後稽顙」云云，無「之」字。本書陸士衡《答賈長淵》「庸岷稽顙」注、張景陽《七命（大夫曰蓋有晉）》「莫不駿奔稽顙」注、陸佐公《石闕銘》「厥角稽顙」注引並同。毛本當誤從尤本等，陳校當從《禮記》、本書內證等正之。

移師東指，閩越相誅。右弔番禺，太子入朝　注：文穎曰：弔，至也。番禺，南海郡〔縣〕治也。東伐越，後至番禺，故言右也。顏師古曰：南越為東越所伐，漢以兵救之。南越蒙天子德惠，故遣太子（入）朝，所以云弔也。非訓至也。太子，即嬰齊也。閩越，地名也。越有三，此其一也。

【陳校】

「移師東指」二句，脫注文。引《史記》「平東越」一條，誤刻入陳琳《檄吳將校部曲》文「南越之旌」下。

【疏證】

奎本以下諸六臣本、尤本悉無「引《史記》平東越一條」。謹案：文穎與顏兩家舊注，蓋采自《漢書·相如》本傳。穎注蓋解「右弔番禺」，顏注則補正穎注，並無涉上文「移師東指」二句，即便下「太子，即嬰齊也」十八字善注，亦未及「移師東指」史實，顯然有所脫漏。陳校以為已錯入下陳琳《檄吳將校部曲》「南越之旌不拔」下注中。今檢其注「《史記》又曰：東越王餘善反，遣橫海將軍韓說出句章，越建成侯敖殺餘善，以其眾降」云云，與本條「東指」、「閩越」二句，斗接榫合，果為「平東越」事；而復觀陳《檄》「南越之旌」下注先已引《史記》平南越呂嘉反事，亦切該文「南越」語。確為錯簡無疑。陳校的確可從。毛本蓋誤從尤本等耳。注「太子，即嬰齊也。」胡氏《考異》曰：「案：依他篇，如韋孟《諷諫》之例，當有『善曰』在『太子』上，以分別顏注」云云，誠是。附識於此。

故遣中郎將往賓之　注：中郎將，即唐蒙也。

【陳校】

「賓」字無注。按《尚書》：「寅賓出日」孔安國傳：「賓，道也。」

【疏證】

奎本以下諸六臣合注本、尤本「賓」字悉無注。謹案：此陳補善注。陳校出《尚書注疏·堯典》，孔傳「道」，今本作「導」。然據上文「南夷之君，西僰之長，常效貢職，不敢惰怠。延頸舉踵，喁喁然，皆嚮風慕義，欲為臣妾。道里遼遠，山川阻深，不能自致。夫不順者已誅，而為善者未賞」云云，不若引《尚書注疏·舜典》：「賓于四門，四門穆穆」傳：「舜流四凶族，四方諸侯

來朝者，舜賓迎之。皆有美德，無凶人」孔疏云：「（今孔則謂）舜以諸侯為賓，舜主其禮迎而待之。」所謂「賓迎之」，是「賓」，段作「儐」，謂以賓客之禮接引之也。

為袁紹檄豫州一首　　陳孔璋

陳孔璋　注：《魏志》曰：曹公曰：卿昔為本初《移書》，但可罪狀孤而已。惡止其身，何乃上及父祖邪？

【陳校】

「陳孔璋」注。當作「惡惡止其身。」

【集說】

余氏《音義》曰：「惡」下，何增一「惡」字。

胡氏《考異》曰：注「《魏志》曰」下至「而不責之」。袁本此一節注，與所載五臣翰注略同。其「善曰」下作：「《魏志》曰：琳避難冀州，袁紹使典文章。袁氏敗，琳歸太祖。太祖曰：『卿昔為本初《移書》，但可罪狀孤而已。惡惡止其身，何乃上及父祖邪？』琳謝罪。太祖愛其才而不咎」六十一字。是也。茶陵本云「善同翰注」。此承其誤，為並善於五臣耳。

梁氏《旁證》曰：顧氏千里曰：「此一節注，尤本承六臣別本之誤，以五臣為李也。六臣本作《魏志》曰」云云。

朱氏《集釋》曰：至名下注。據胡氏《考異》云：「袁本此一節注，與所載五臣翰注略同。其『善曰』下引《魏志》曰：『使典文章，即接袁氏敗，琳歸太祖。太祖曰』」云云，並無「作此檄以告劉備」至「歸本初也」二十一字。且既引《魏志》，而數語為《魏志》所無，其竄入顯然，非善咎也。

許氏《筆記》曰：「陳孔璋」下注引《魏志》，乃是翰注妄改。六臣本善注：「《魏志》曰：琳避難冀州，……琳謝罪。太祖愛其才而不咎。」並無「曹公失德」及「矢在弦上」等語。削正。嘉德案：原注與五臣翰注全同。茶陵本云：「善同翰注。」此承其誤而並善入五臣耳。其實，善本自異也。六臣袁刻宋本「善曰」下「《魏志》」云云，至「而不咎」六十一字，與《魏志》所載同，是也。

【疏證】

　　奎本、尤本作「惡惡止其身」字。明州本無善注。贛本、建本作「善曰『《魏志》曰』，同翰注」，而翰注無「惡惡止其身」語。謹案：事見《魏志‧陳琳傳》，語正作「惡惡止」字。「惡惡止其身」，又見於《春秋公羊傳注疏‧昭公十一年》、《孟子注疏‧梁惠王章句下》等，本古常用語也。陳、何校蓋據《魏志》、尤本等補正。明州本惟翰注，擅刪善注，然所錄翰注尚同奎本。贛本、建本作「善曰：『《魏志》曰』，同翰注」，首將善與翰注，混為一體，惟留「《魏志》曰」冠名而已，善注自然奪「惡惡止其身」五字也。其所錄翰注，尚存奎本之舊。尤本有「《魏志》曰」、已補入「惡惡止其身」五字，然已屬入「作此檄」二十一字翰注。前胡《考異》之論，因不見六臣之祖奎本，故亦有疵漏。參拙著《何校集證》。

饕餮放橫　注：《左氏傳》：史充曰：縉雲氏有不才子。

【陳校】

　　注「史充」。當作「太史克」。

【疏證】

　　奎本以下諸六臣合注本、尤本悉作「史克」。謹案：事見《春秋左傳注疏‧文公十八年》正太史克語。「太史克」，一作「太史尅」，屢見本書善注援引，如左太沖《魏都賦》「時乘赤鯉而周旋」注等，凡十餘處。不煩引。奎本以下諸六臣合注本、尤本仍脫一「太」字。毛本從尤本等，復傳寫形近誤「充」，陳校當從《左傳》、本書內證等補正。此亦前胡漏錄、漏校例。

續遇董卓　注：董卓，字仲穎，隴西人。

【陳校】

　　注首脫「《魏志》曰」三字。

【集說】

　　余氏《音義》曰：「董卓」上，何增「《魏志》曰」三字。

　　胡氏《考異》曰：注「董卓，字仲穎」下至「呂布誅卓」。袁本無此三十八字，有「董卓，已見《西京賦》」七字，是也。茶陵本有，乃複出。

　　姚氏《筆記》曰：按：注「董」上脫「《魏志》曰」三字。

【疏證】

　　奎本、明州本作「董卓，已見《西京賦》」。贛本、建本複出，有「《魏志》曰」三字。尤本宗贛本而脫此三字。本書潘安仁《西征賦》「卓滔天以大滌」注亦複出，而有「《魏志》曰」三字。謹案：奎、明二本最是，前胡說亦是。贛本複出已非，毛本當誤從尤本等，陳校亦誤從贛本，本書潘《賦》注，遂失於眉睫間焉。

於是提劍揮鼓，發命東夏　　注：《魏志》曰：紹遂以渤海之眾以攻卓。

【陳校】

　　注「遂以渤海之眾」。「以」，「舉」誤。

【集說】

　　前胡《考異》曰：袁本作「將以誅董卓。」案：考《魏志》云：「將以誅卓。」似袁本仍衍「董」字。茶陵本作「以攻卓」，誤與此同。

【疏證】

　　尤本同。奎本作「遂以渤海起兵，將以誅卓。」明州本省作「善同良注」，良注作「因舉渤海之眾以攻卓。」贛本、建本作「因舉渤海之眾以攻卓」建本復誤「魏志」作「魏氏」。謹案：事見《魏志·袁紹傳》，作「紹遂以渤海起兵，將以誅卓。」準以《魏志》、奎本，則上「以」字，毛本從尤本不誤。贛本雖冠「《魏志》」，卻首以良注亂善，改「以」為「舉」，陳校卻依贛本，誤矣。本條毛本之誤，實在下文注，誤從尤本作「以攻卓」、脫「將」字。前胡說是。

獎蹴威柄　　注：《魏志》作獎蹴。蹴，成也，言獎成其威柄也。

【陳校】

　　注中「獎蹴」二字，《魏志》既與《文選》同，似不必贅引。當云「《後漢書》作獎就。就，成也」云云，文義乃安。

【集說】

　　余氏《音義》曰：「蹴，何引少章云：「《後漢書》作就。」
　　顧按：當是《國志注》本作「就」也。
　　胡氏《考異》曰：注「《魏志》作獎蹴。蹴，成也。」陳云：「《魏志》既

與《文選》同」云云。案：《魏志》無此文，惟裴注引《魏氏春秋》耳。此注必有誤。各本皆同，無以訂之。兩「蹴」字，陳所校是也。

　　張氏《膠言》曰：陳少章云云。胡中丞曰：「按《魏志》無此文，惟裴注引《魏氏春秋》耳。」

　　梁氏《旁證》曰：《後漢書》「蹴」作「就」。陳曰：「《魏志》既與《文選》同……就，成也。」按：所校是也。此文乃裴注引《魏氏春秋》，此僅言《魏志》，亦非。朱氏珔曰：「當本作就，而誤加足旁作蹴，又傳誤為蹴耳。」

　　姚氏《筆記》曰：上「蹴」字下，脫「《後漢書》作獎就，就，成也」，下「蹴」字，衍。

　　朱氏《集釋》曰：注《魏志》云云。案：「蹴」，不得訓「成」。「獎蹴」，亦非文義。《魏志》此語見裴注。既同是「蹴」，何取以校異，此必有誤。《後漢書》「蹴」作「就」，是也。《爾雅·釋詁》：「就，成也。」義正合。又《爾雅》：「求、酋、在、卒、就」，《釋文》：「就，或作嘁，又作蹴。」字形與「蹴」近，而「蹴」又「蹴」之異體，當是傳寫譌作「蹴」，展轉貤謬，遂為「蹴」矣。

　　胡氏《箋證》曰：注「善曰：《魏志》作獎蹴，當作就。蹴，就也。」今《後漢書》作「就」。按：作「蹴」是也。「蹴」之言促也。言獎促其威柄也。「蹴」與「蹴」古字通。當本作「蹴」，或作「蹴」，後脫足旁，遂譌作「就」。若本作「就」，無緣復譌為「蹴」。以是明之。

　　許氏《筆記》曰：注云：「《魏志》作獎蹴。蹴，成也。」案：《後漢書》、《魏志》並作「獎就」，注引作「獎蹴」。南監本《魏志》作「蹴」。嘉德案：陳曰云云。胡曰云云。案：注引《魏志》作「獎蹴，蹴，成也。」徧檢《魏志》無此語，亦無「獎就」之文。此云：「《後漢書》、《魏志》並作獎就」，又將注中兩「蹴」字並改「就」，與陳校同。未詳何本《魏志》，當再檢南監各本考之。

【疏證】

　　五臣正德本及陳本同，明州本、贛本、尤本、建本並注同。奎本作「蹙」，注同。謹案：本條善所見《選》文當作「蹙」，奎本可證；所見《魏志》裴注為「蹴」，四庫館臣《魏志卷六考證》曰：「監本『獎就』誤『獎蹴』。」及許氏《筆記》「南監本《魏志》」說並可為佐證。善之誤，惟在「《魏志》」下脫一「注」字耳。明乎此，即可解釋：善注引《魏志》，蓋視之為異文，不是或體，故而並非「贅引」。《集韻·屋韻》云：「蹙，亦書作蹴」，此是後人之認識，即

如奎本外，其餘諸本《文選》。陳校之所以有疑，蓋未見奎本。後胡《箋證》云「作蹴是也」，不誤。「蹴」，能否如善注釋作「成」？《說文通訓定聲‧孚部》「踧」字云：「行平易也。从足，叔聲。亦作戚。段借又為叔，《為袁紹檄豫州》：『獎蹴威柄』注：『成也。』非。」朱氏以「成」為非，以「叔」解「戚（踧）」，似取《廣雅‧釋言》「叔，屬也」之義。屬即歸屬。歸屬，其與「行平易」、「成就」義皆合，蓋戚、踧、叔同在朱書《孚部》，義本可通也。《說文通訓定聲‧需部》「促」字云：「迫也。字亦作戚。」《廣雅‧釋詁三》：「促，近也。」《廣韻‧屋韻》「戚，近也。」皆證「戚」與「促」通。後胡云：「蹴之言促也，言獎促其威柄也。」「促」豈非「成就」歟？《箋證》論《後漢書‧袁紹傳》作「就」之非。《墨子‧非儒下》：「孔某與其門弟子閒坐，曰：『夫舜見瞽叟就然。』」孫詒讓《閒詁》：「此書以就為戚，猶《新序》以蹴為戚。」依孫言，「就」、「戚」、「蹴」、「戚」，四字通。然則《後漢書》未必誤也。毛本蓋從尤本等，陳、何之疑，皆非無理。正文當作「戚」、注中二「蹴」字不必改，其義即為「成就」，善注亦是，即是本條之結論。

而操遂承資跋扈　注：《毛詩》曰：無然畔換。鄭玄曰：畔換，猶跋扈也。

【陳校】

注中兩「畔換」，並當作「畔援」。

【疏證】

奎本、明州本、建本皆同。贛本、尤本皆作「援」。謹案：語見《毛詩注疏‧大雅‧皇矣》，詩與注皆作「援」。《釋文》云：「鄭：胡喚反。畔援，跋扈也。」本書張平子《西京賦》「睢盱拔扈」善引《毛詩》作「畔援」，鄭《箋》同。任彥昇《蕭公年三十五行狀》「初，沈攸之跋扈上流」注引《毛詩傳》亦作「畔援」。畔援，《元部》疊韻聯緜字。轉作「畔換」，蓋「換」、「援」音同。《漢書敘傳》下「項氏畔換，黜我巴漢」師古曰：「畔換，猶言跋扈也。《詩‧大雅‧皇矣篇》曰：『無然畔換。』」是顏所見《詩》作「換」。《玉篇‧人部》引《詩》則作「伴換」，云：「伴換，猶跋扈也。」蓋古人聯緜字，初無一定之字也。毛本當從建本等，陳校不知古人聯緜字規矩，失在拘泥。王氏《蛾術軒篋存善本書錄‧癸卯稿》卷四引陳倬《文選筆記》亦云：「善注引《毛詩》無然畔換。鄭玄曰：『畔換，猶跋扈也。』畔援，各本誤『換』，今正（援）。」是

陳倬校亦誤。

殘賢害善　注：張奐《與屯留君書》曰：氛厲流行，傷賢害善。

【陳校】

　　注「氣厲」。「氣」，「氛」誤。

【集說】

　　胡氏《考異》曰：注「氣厲流行。」陳曰云云。是也，各本皆譌。

　　梁氏《旁證》曰：陳曰云云。各本皆誤。

【疏證】

　　奎本以下諸六臣合注本、尤本悉同。謹案：氛厲，妖氛厲鬼，喻叛亂。本書劉越石《勸進表》「永嘉之際，氛厲彌昏」，謂劉聰、石勒之亂，可證。毛本誤從尤本等，陳校據上下文義、本書內證等正之。

地奪於呂布　注：《魏志》曰：陶謙為徐州刺史。太祖征謙，糧少，引軍還。又曰：太祖與呂布戰於濮陽，太祖軍不利。

【陳校】

　　此句《後漢書》注引《魏志》：「操征陶謙，會張邈與陳宮叛迎呂布，郡縣皆應。」

【疏證】

　　奎本以下諸六臣本、尤本悉同。謹案：此亦陳引章懷注，以見善引欠當。祗可備參考耳。

而有大造於操也　注：《左氏傳》呂相絕秦曰：師克還無害。

【陳校】

　　注「師克還」。「師」上，脫「秦」字。

【疏證】

　　贛本同。奎本、明州本、尤本、建本有「秦」字。謹案：事見《春秋左傳注疏·成公十三年》，正有「秦」字，《冊府元龜》卷七百四十四、《文章正宗》卷一引同。贛本蓋涉上而奪，毛本誤從之。陳校當從《左傳》、尤本等補正之。

五毒備至　注：《漢書》曰：王莽誅翟義，夷滅三族。皆至同坑，以五毒參並葬之。如淳曰：野葛狼毒之屬。

【陳校】

　　按：《後漢書‧陽球傳》：「球考王甫，五毒備極。」「五毒」，章懷無注。然觀下文云「箠樸交至，甫死杖下」，則五毒，殆考掠酷刑耳。注引《漢書》未當。

【疏證】

　　奎本以下諸六臣本、尤本悉同。謹案：此亦陳校善注徵引不當。據上文「榜楚參並」，則陳校當是也。《後漢書‧陸續傳》：「續、宏、勳，掠考五毒，肌肉消爛，終無異辭。」《資治通鑑‧漢明帝永平十四年》載此事，胡三省注云：「五毒，四肢及身備受楚毒也。或云，『鞭、箠、（及）灼、及徽、纆為五毒。』」略可參證。

梁孝王……而操帥將吏士，親臨發掘，破棺裸尸，掠取金寶　注：《曹瞞傳》曰：曹操破梁孝王棺，收金寶。

【陳校】

　　注「曹操破梁孝王棺，收金寶」。當作「曹操別入碭，發梁孝王冢，破棺收金寶數萬斤」。

【集說】

　　姚氏《筆記》曰：「梁孝王」云云，注「《曹瞞傳》曰：『曹操破梁孝王棺，收金寶。天子聞之哀泣。』」按：「操」下脫「別入碭發」四字、「王」下脫「冢破」二字、「寶」下脫「數百斤」三字。樹按：「操」下「破」字，當滅。

【疏證】

　　奎本以下諸六臣合注本、尤本悉同。謹案：《藝文類聚》卷八十三載：「《曹操別傳》曰：『操別入碭，發梁孝王蒙，破棺收金寶數萬斤。』」「別入碭」，《太平御覽》卷八百十一作「入峴」，餘同。毛本當從尤本等，陳校則從《藝文類聚》等類書耳。姚氏《筆記》，益為詳備。

並州越太行　注：《魏志》曰：袁紹……出外甥高翰為並州。

【陳校】

　　注「高翰」。「翰」，「幹」誤。

【集說】

余氏《音義》曰:「高翰」。「翰」,何改「幹」。

胡氏《考異》曰:注「外甥高翰」。袁本「翰」作「幹」,是也。茶陵本亦誤「翰」。

梁氏《旁證》曰:六臣本「翰」作「幹」,是也。

【疏證】

奎本、贛本、尤本、建本作「翰」。明州本入良注,亦作「翰」。謹案:《魏志·武帝紀》、《袁紹傳》,並作「幹」。《後漢書·袁紹傳》、《太平御覽》卷一百六十三引《魏志》同。前胡《考異》是。毛本當誤從尤本、建本等。陳、何校當從《魏志》、袁本等正之。梁氏所謂「六臣本」,包括袁本、茶陵本兩家(《旁證·凡例》),今一是一非,足見《旁證》設例之疏。

檄吳將校部曲一首　　陳孔璋

尚書令彧

【陳校】

按:荀彧卒於建安十七年。檄中舉平韓遂、宋建、張魯諸事,皆在彧卒後,今檄文首列彧名,恐傳錄之誤。

【集說】

張氏《膠言》曰:荀彧卒在建安十七年。《檄》中舉韓約、馬超、宋建、張魯諸事。考《魏志》:馬超在漢陽,復因羌胡為害,氐王千萬叛應。超屯興國。使夏侯淵討之,在十八年。隴西宋建自稱河首平漢王,聚眾抱罕三十餘年,遣夏侯淵討之,在十九年。公西征張魯,至陳倉,氐人塞道,先遣張郃、朱靈等攻破之。公自陳倉以出散關至河池,氐王竇茂險不服,攻屠之西平。金城諸將麴演、蔣石等共斬送韓遂首。十一月,張魯自巴中將其餘眾降,在二十年,皆彧卒之後。《檄》首列彧名,未詳。

梁氏《旁證》曰:張氏雲璈曰云云。姜氏皋曰:「彧,當是攸之譌。《魏書·太祖紀》:『建安十八年十一月,初置尚書侍中六卿』,裴注引《魏氏春秋》曰:『以荀攸為尚書令。』《荀攸傳》云:『魏國初建,為尚書令。從征孫權,道薨』,注云:『建安十九年,攸年五十八。』是也。然文中言張魯之降,則年

又不符。此或是二十一年將征孫權，先有此《檄》，而攸亦薨於是年。按攸於十八年為尚書令，至二十一年以大理鍾繇為相國。《通典》云：『尚書令，魏晉以下，任總機衡。』然則，即相國也。攸若卒於十九年，中間不聞替者，何以至二十一年始以鍾繇為相國？《魏公九錫勸進文》攸次即繇，則攸卒繇代，亦其序也。因疑攸卒於二十一年，則於《檄》中情事皆合耳。」

朱氏《集釋》曰：案：凌氏廷堪書此文後云：「《三國志》及裴注皆未載此文。考《魏志·武帝紀》建安十七年冬十月征孫權，又十九年、二十一年兩征孫權，此不明指何年。據《荀彧傳》：建安十七年，太祖征孫權，彧疾留壽春，薨。時年五十。而此《檄》首稱彧名，則是彧尚存，為建安十七年征權時也。然《檄》中所云：『偏師涉隴，則建約梟夷。』據《魏志》，遣夏侯淵討斬宋建，則建安十九年冬十月事，西平金城諸將送韓約首，則建安二十五年五月事也……凡此皆在彧薨之後，未審檄文何以詳載之？若云是建安二十一年征吳之檄，則距彧之薨已五年，檄首不應尚稱『尚書令彧』也。恐『彧』字或誤。然李善注引《彧傳》以證，未必誤也。豈孔璋此檄是齊梁文士所擬作，而昭明遂取以入《選》歟？」此說駁辨甚核，善注屢引《魏志》，而未悟及彧薨之年之不相合，今疑非琳作，與前《上書重諫吳王》或疑非乘作正同，但彼《書》，《漢書》載之，未必然；此《檄》不見於《三國志》、（裴）《注》，當是矣。

許氏《筆記》曰：張又曰：「荀彧卒在建安十七年。《檄》中舉韓約、馬超、宋建、張魯諸事」云云。

黃氏《平點》曰：「尚書令彧。」此篇中事多在彧薨後，恐「尚書令彧」之「彧」字，為後人以意沾之耳。又疑此「彧」本作「或」，猶稱「何人」稱「某」、稱「某甲」耳。

【疏證】

諸《文選》本悉同。謹案：毛本當從尤本等，陳校據檄文前後史實發難，經張、姜、朱（包括凌氏）、許氏，前武後踵，索隱鉤玄，始得證成「彧」誤之說，亦讀《選》者快心事。黃氏《平點》「疑此『彧』本作『或』」，亦非是。蓋或、彧古字通，見下《三國名臣序贊》「始救生人」條。故即便作「或」，主名仍為荀彧，亦未必作「猶稱何人」云云解也。

蓋聞禍福無門，惟人所召　注：《左氏傳》閔子騫之辭。

【陳校】

　　注「子騫」。當作「馬父」。

【集說】

　　顧按：此是閔子馬。

　　胡氏《考異》曰：注「閔子騫之辭。」何校「騫」改「馬」。是也，各本皆誤。

　　梁氏《旁證》曰：何校「騫」改「馬」。各本皆誤。

　　姚氏《筆記》曰：注《左傳》「閔子騫」，當作「閔馬父」。

　　王煦《拾遺》曰：善注引「《左傳》閔子騫之辭。」煦案：《左傳·（三）〔二〕十三年》閔子馬有是言。杜注：「閔子馬，閔馬父也。」「騫」字誤，劉孝標《辨命論》注同誤。

【疏證】

　　奎本以下諸六臣合注本、尤本誤同，惟贛本作「馬」，不誤。謹案：語見《春秋左傳注疏·襄公二十三年》，正作「馬」字，《太平御覽》卷二百四十八及卷四百三十二、《冊府元龜》卷七百三十一及卷八百三十一引並同。毛本誤從尤本等，何校當從贛本、《左傳》，陳校蓋據《左傳》上文：「閔子馬見之」杜注：「閔子馬，閔馬父」正之，皆是。姚、王二氏校亦是。

南越之旌不拔　注：《史記》曰：朝鮮入殺其王右渠，來降。定朝鮮為四郡。又曰：南越呂嘉反，以主爵都尉楊僕為樓船將軍，下橫浦，咸會番禺。南越以平，遂為九郡。又曰：東越王餘善反。遣橫海將軍韓說出句章，越建成侯敖殺餘善，以其眾降。

【陳校】

　　按文中止及「南越」，注引「東越」一條似贅。又長卿《喻巴蜀檄》中「移師東指，閩越相誅」二句闕注，蓋此處衍文即前所脫耳。又注中「朝鮮入」。「入」，「人」誤。

【疏證】

　　《集注》本、奎本以下諸六臣合注本、尤本悉有「東越」條、作「人」字。謹案：毛本「東越」條，蓋從尤本等，「入」字，獨因形近而誤。陳校當

據注文相應而正之。參上《喻巴蜀檄》篇「移師東指」條。

近者關中諸將　注：《魏志》：是時關中諸將……遂與楊秋、李湛、宜成等反。

【陳校】

　　注「李湛」。「湛」,「堪」誤。

【集說】

　　余氏《音義》曰:「李湛」。「湛」,改「堪」。

　　胡氏《考異》曰:注「李湛」。何校「湛」改「堪」。下同。陳曰云云。案:據《國志》

校也,各本皆譌。

　　梁氏《旁證》曰:何、陳校「湛」,改「堪」。下同。據《三國志》也。

【疏證】

　　奎本以下諸六臣合注本、尤本誤同。《集注》本正作「堪」。謹案:事見《魏志‧武帝操紀》,字正作「堪」,《通志‧武帝紀》同。毛本當誤從尤本等,陳、何當從《魏志》正之。胡、梁所謂「下同」,見下條。

丞相秉鉞鷹揚　注：《魏志》曰:丁斐曰放馬以餌賊,賊亂取馬,公乃得渡。循河為角而南。……公乃與剋日會戰……大破之,斬宜成、李湛等。

【陳校】

　　注「丁斐曰」。「曰」,「因」誤。「為角而南」。「角」,「甬」誤。「李湛等」。「湛」,「堪」誤。

【集說】

　　胡氏《考異》曰:注「丁斐曰放馬」。陳云:「曰,因誤。」案:據《國志》校也。各本皆譌。

　　梁氏《旁證》曰:注「丁斐曰放馬」。陳校「曰」,改「因」。據《三國志》也。

　　姚氏《筆記》曰:注引《魏志》「丁斐因放馬以餌賊,賊亂取馬。公乃得渡。循河為甬而南。」按:「馬」上並脫「牛」字、「甬」下脫「道」字。

【疏證】

奎本、贛本三處誤皆同。《集注》本誤「曰」、誤「角」、作「堪」。明州本、尤本、建本誤「曰」、作「甬」、誤「湛」。謹案：事見《魏志・武帝操紀》，正作「因」、「甬道」、「堪」，《通志・武帝紀》同。《太平御覽》卷二百八十五引《後漢書》作「因」、「甬道」。毛本當從贛本等，陳校當從《魏志》正之。姚校據《魏志》補「牛」、「道」字，亦是。

又鎮南將軍張魯 注：《魏志》曰：張魯據漢中……為鎮民中郎將漢寧。

【陳校】

注「中郎將漢寧」。「將」下脫「領」字，「寧」下脫「太守」二字。

【集說】

胡氏《考異》曰：注「漢寧」。何校「漢」上添「領」字，「寧」下添「太守」二字。陳同。案：據《國志》校也，各本皆脫。

梁氏《旁證》曰：何、陳校「漢」上添「領」字、「寧」下添「太守」二字。據《三國志》也。

【疏證】

「漢寧」，奎本獨作「漢寧侯」。自明州以下諸六臣合注本、尤本皆脫「領」字、「太守」字。《集注》本作「漢寧太守」，亦無「領」字。引《鈔》作「領漢寧太守」。謹案：事見《魏志・張魯傳》，正作「領漢寧太守」，《後漢書・劉焉傳》、《太平御覽》卷二百七十八同。毛本當從尤本等脫，陳、何校蓋據《魏志》正之。

土崩魚爛 注：《公羊傳》曰：其言梁亡何？自亡也。奈何魚爛而亡？何休曰：魚爛從內發。

【陳校】

注「自亡也」下，脫「其自亡」三字。

【集說】

余氏《音義》曰：「亡也」下，何增「其自亡」三字。

梁氏《旁證》曰：「奈何」上，據《公羊傳》文，當有「其自亡」三字。

姚氏《筆記》曰：按：「也」下，脫「其自亡」三字。

【疏證】

　　《集注》本、奎本以下諸六臣合注本、尤本悉脫三字。謹案：語見《公羊傳·十有九年》，「自亡也」下，正有「其自亡」三字。《爾雅注疏·釋宮》「魚謂之餒」注「肉爛」疏引《公羊傳》同。本書陳孔璋《為曹洪與魏文書》「焉肯土崩魚爛哉」注引《公羊傳》，亦脫此三字。毛本脫當從尤本等，陳、何校當據《公羊傳》、本書內證等補之。

委質還降　　注：《左氏傳》：胡突曰：策名委質。

【陳校】

　　注「胡突」。「胡」，「狐」誤。

【疏證】

　　明州本、建本誤同。奎本、贛本、尤本作「狐」。《集注》本無此注。謹案：事見《春秋左傳注疏·僖公二十三年》，正作「狐」，《藝文類聚》卷二十、《初學記》卷十七、《太平御覽》卷四百一十八、卷六百二十一引並同。本書盧子諒《贈崔溫》「委質與時遇」注、任彥昇《為范始興作求立太宰碑表》「策名委質」注、潘安仁《楊荊州誄》「策名委身」注引並作「狐」。陳校當從《左傳》、本書內證、尤本等正之。

又使征西將軍夏侯淵等　　注：《魏志》曰：夏侯淵，字妙才。惇，族弟也。為征西將軍。率精甲五萬及武都氐羌巴漢銳卒，南臨汶江，搤據庸蜀。注：《魏志》曰：建安二十一年，留夏侯淵屯漢中。

【陳校】

　　按：「使征西將軍」至「搤據庸蜀」，本是一事，所以斷蜀之援吳也，不應析而為二。

【疏證】

　　《集注》本、尤本誤同。奎本以下諸六臣合注本未析。謹案：此陳校科段設注之不當。毛本當誤從尤本等，陳校當從贛、建二本等正之。《集注》本亦誤，則表明：單善注本科段設注之誤，遠在監本以前，業已發生矣。依善例，奎本以下諸六臣合注本下一「《魏志》曰」，當作「又曰」。

樓船橫海之師，直指吳會　注：《漢書》曰：東越反，上遣橫海將軍韓說、樓船將軍楊僕入軍於越。

【陳校】

「樓船橫海」、「直指吳會」，乃是二道。吳郡，會稽，地皆濱海，故分命舟師從海道入耳。注似誤。

【疏證】

奎本以下諸六臣本、尤本悉同。謹案：事數見《漢書》。《武帝紀》曰：「秋，東越王餘善反。攻殺漢將吏。遣橫海將軍韓說、中尉王溫舒出會稽；樓船將軍楊僕出豫章，擊之。」又《朱買臣傳》曰：「買臣受詔將兵，與橫海將軍韓說等，俱擊破東越。」又《兩粵傳》曰：「（東越王）餘善刻武帝璽自立。……上遣橫海將軍韓說出句章。」注：「師古曰：句章，會稽之縣。」然則，陳校「乃是二道」說，大略是，具體二道，細節尚有誤。此亦陳正善注之未當。

望風響應　注：《尚書》曰：惟影響。孔安國曰：君影之隨形，響之應聲。

【陳校】

注「君影」。「君」，「若」誤。

【疏證】

《集注》本、奎本以下諸六臣本、尤本悉作「若」。謹案：語見《尚書注疏‧大禹謨》，正作「若」字。《冊府元龜》卷三百十一「惟影響」注引孔《傳》同。毛本獨因形近而誤，陳校當從《尚書》、尤本等正之。

懷寶小惠　注：《論語》曰：好行小惠。

【陳校】

注誤。當引《左傳》「小惠未徧，民弗從也」。

【集說】

梁氏《旁證》曰：此文當引《左傳》「小惠未徧」，不當引《論語》也。

胡氏《箋證》曰：注「善曰：『《論語》曰：好行小惠。』」按：《論語》作「小慧」。《釋文》：「魯讀慧為惠，今從古。」《集解》引鄭注：「小慧，謂小小之才智。」善從《魯論》作「惠」，則以「惠」為「恩惠」矣。

【疏證】

奎本以下諸六臣本、尤本悉同。謹案：此亦陳正善注援引未當。陳校似受濟注啟發。

盛孝章君也，而權誅之　注：《魏志》曰：權殺吳郡太守盛憲。

【陳校】

按，孫氏，富春人。時富春屬吳郡，故《檄》列權罪，首舉害郡將之事。注未明悉。

【疏證】

奎本以下諸六臣合注本、尤本悉同。謹案：此亦陳補善注「未明悉」。甚得作者初衷，足可備注家參考。

是故伊摯去夏　注：《尚書》曰：伊尹去亳適夏。

【陳校】

注「《尚書》」下，脫「序」字。

【集說】

胡氏《考異》曰：注「《尚書》曰：伊尹」。陳曰云云。是也，各本皆脫。

梁氏《旁證》曰：陳校「書」下添「序」字，各本皆脫。

【疏證】

《集注》本、奎本以下諸六臣本、尤本悉脫。謹案：《尚書》見《胤征序》。毛本當誤從尤本等，陳校當從《尚書》補之。

近魏叔英秀出高峙

【陳校】

按，《後漢書・黨錮傳》：「魏朗，字少英。會稽上虞人。少詣太學，京師長者李膺之徒爭從之。為河內太守，陳蕃薦其公忠亮直。」又《會稽典錄》：「魏滕，字周林，父朗，名在八俊。滕性剛直，行不苟合。」而《檄》舉二人之字，與《漢史》，《典錄》微異，或並有二字耶？

【集說】

余氏《音義》曰：「叔英」。何曰：「《後漢書・黨錮傳》：『魏朗，字少英。

會稽上虞人。』當是叔英。」

　　孫氏《考異》同余氏《音義》。

　　梁氏《旁證》同余氏《音義》。

　　黃氏《平點》曰：何焯曰云云。

【疏證】

　　《集注》本、諸《文選》本悉同。《會稽志·魏朗傳》、《太平御覽》卷二百一十二引謝承《後漢書》及卷二百六十四引《會稽典錄》悉作「少英」。謹案：史書作「少」，《文選》作「叔」，就排行言，叔與少，義同，兩存可也。何以《選》改史，陳校兼存，似陳為勝。參上《吳都賦》「虞魏之昆」條。

虞文繡砥礪清節……周泰明當世雋彥　　注：

【陳校】

　　虞文繡，當是仲翔祖鳳，見《仲翔別傳》。又《會稽典錄》曰：「周昕，字大明，少師事太傅陳蕃。博覽群書，辟太尉府，遷丹陽太守。後孫策攻會稽，昕以拒戰見殺。見《吳志》」。

【集說】

　　余氏《音義》曰：何云：「虞仲翔父，名歆。為日南太守。泰明，周昕字。」

　　孫氏《補正》同余氏《音義》。

　　梁氏《旁證》曰：何曰：「文繡，當是虞仲翔父，名歆。為日南太守。泰明，是周昕字。」

【疏證】

　　奎本以下諸六臣合注本、尤本悉同。並無注。謹案：此陳校引史志補善注，然《集注》本引《鈔》曰：「已上之人，並無傳也」。陳補亦可備參考。

鶛鴂之鳥，巢於葦苕　　注：《廣雅》曰：鶛鴂，立雀也。

【陳校】

　　注「立雀」。按：陸璣《疏》：「鴟鴞，關東謂之工雀。」「立」，疑當作「工」。

【集說】

　　余氏《音義》曰：「立雀」。何曰：「湯校：立，作工」。

顧按：此所引《廣雅》。「工」字，今本未誤。

姚氏《筆記》曰：何云：「湯校：立，當作（土）〔工〕。」樹按：湯，未詳，疑是西厓。

【疏證】

尤本同。《集注》本、奎本諸六臣合注本作「工雀」。謹案：今本《廣雅・釋鳥》：「鵊鳩、女鷗，工雀也。」陸璣《毛詩草木鳥獸蟲魚疏》卷下「鷗鷃」：「關東謂之工雀……或曰巧女。」敦煌本《文選注》：「鵊鳩，巧婦鳥也。」亦與作「工雀」，合。作「立」者，尤本形近而譌，毛本則誤從尤本也。本書張茂先《鷦鷯賦》題下注：「《方言》曰：『桑飛』，郭璞注曰：『即鷦鷯也。』自關而東謂之工雀，又云女工。一云巧婦，又云女匠。」正作「工雀」。陳、何、湯、顧校皆是。陳校當從贛本、本書內證等正之。湯，湯右曾，字西厓。浙江仁和人。康熙戊辰進士，官至吏部右侍郎兼翰林院掌院學士。有《懷清堂集》二十卷。見《國朝文獻通考》卷二百三十三。

以存易亡 注：《漢書》：鄒陽上書曰：《春秋》計之，為其以生易死，以存易亡。

【陳校】

注「《春秋》計之」。「計」，「記」誤。

【疏證】

《集注》本、奎本以下諸六臣合注本、尤本悉作「記」。謹案：事見《漢書・鄒陽傳》，正作「記」字，《長短經・詭順》、《冊府元龜》卷八百九十一併同。《前漢紀・孝景》引作「賢」。本書潘安仁《馬汧督誄》「以生易死」注引《漢書》亦作「記」。毛本獨因形近而誤，陳校當從《漢書》、本書內證、尤本等正之。荀《紀》作「賢」，義亦得。

檄蜀文一首 鍾士季

我太祖武皇帝 注：《魏志》曰：有太祖皇帝為魏太祖。

【陳校】

注「有太祖」。當作「有司奏武」。

【集說】

胡氏《考異》曰：注「有太武皇帝」。陳云：「太，當作司奏二字。」是也，各本皆脫。

梁氏《旁證》同胡氏《考異》。

姚氏《筆記》曰：「有」下，何校滅「太祖」二字，增「司奏武」三字。

【疏證】

奎本以下諸六臣合注本、尤本「祖」，作「武」。《集注》本作「有司奏武皇帝為魏太祖也」。謹案：「有司奏武皇帝為魏太祖」云云，似為《魏志》奏議章表稱書儀程式。如：《魏志·明帝叡》：「（六月）丁未，⋯⋯有司奏：武皇帝撥亂反正，為魏太祖⋯⋯文皇帝應天受命，為魏高祖。」證之《選》文，無不合榫。本書沈休文《宋書·謝靈運傳論》「曹氏基命三祖」注引「《魏志》曰：明帝青龍四年，有司奏武皇帝為魏太祖、文帝為魏高祖、明皇帝為魏列祖也」，亦是佐證。毛本蓋誤從尤本等，陳、何校當從《魏志》、本書內證等補正。《集注》本與《魏志》、《謝靈運傳論》注合，此《集注》所以可寶也。

高祖文皇帝　注：《魏志》曰：文帝為魏高祖。

【陳校】

注「文帝」。「帝」上脫「皇」字。

【疏證】

尤本脫同。《集注》本、奎本以下諸六臣本皆有「皇」字。謹案：語見《魏志·鍾會傳》，正有「皇」字，《魏志·明帝叡》同。此蓋魏三帝廟號，例合有此字。本書《宋書·謝靈運傳論》亦脫，尤本當誤從之，毛本則踵尤本耳。陳校當從贛本、《魏志》等補之。

宰輔忠肅明允　注：《左氏傳》：史克對魯侯曰。

【陳校】

注「史克」。「史」上，脫「太」字。

【疏證】

《集注》本、奎本以下諸六臣合注本、尤本脫同。謹案：事見《春秋左傳注疏·文公十八年》，正為「太史克」。毛本誤從尤本等，陳校當從《左傳》、

本書內證等補之。參上陳孔璋《為袁紹檄豫州》「饕餮放橫」條。此亦前胡漏錄漏校例。

明者見危於無形　注：《太公金匱》曰：明者見危於未萌，智者避危於無形。

【陳校】

注「見危」。「危」，「兆」誤。

【集說】

胡氏《考異》曰：注「見危於未萌」。袁本、茶陵本無「危」字。陳曰云云。是也。

梁氏《旁證》曰：六臣本無「危」字。陳校「危」改「兆」。

【疏證】

尤本同。《集注》本、奎本、明州本、建本「見」下脫一字。贛本作「福」。謹案：上諸本皆非。本書阮元瑜《為曹公作書與孫權》「達者所規，規於未兆」注引脫同奎本等。司馬長卿《上書諫獵》「蓋聞明者遠見於未萌」注引作「兆」，最是，此陳校所從。尤本臆補「危」，與下文重出，非。毛本誤從尤本。

難蜀父老一首　司馬長卿

【陳校】

題前脫「難」字一行。梁氏《旁證》

【集說】

梁氏《旁證》曰：《難蜀父老》，陳校「題前脫難字一行」。

【疏證】

諸《文選》本同，然五臣正德本、陳本卷二十二子目「司馬長卿難蜀父老一首」上，並有一文體標識「難」字。《集注》本有「難」字一行及注「陸善經曰：難，詰問之。」（抄者誤繫上《檄蜀文》末句下）。謹案：毛本當從尤本等。本條惟見梁迻錄，未見周鈔《舉正》。今據五臣本子目及《集注》本，可證五臣本題前確應有「難」字一行，未知善本如何。梁氏當從五臣本及本

書體例。參上劉子駿《移書讓太常博士》首條。

湛思汪濊

【陳校】

「思」，「恩」誤。

【疏證】

《集注》本、諸《文選》本悉作「恩」。謹案：《史記》、《漢書》、《通志》本傳、《藝文類聚》卷二十五、《後漢書・杜篤傳》章懷注悉作「恩」。毛本獨因形近而誤，陳校當從史書、尤本等正之。

定笮存卭　注：毛穎曰：卭，今為卭都縣。

【陳校】

注「毛穎」。「毛」，「文」誤。

【疏證】

《集注》本、奎本以下諸六臣合注本、尤本悉作「文」。謹案；《史記》、《漢書》本傳「邛笮之君長」注引並作「文」。毛本獨傳寫而誤耳。陳校當從《史》、《漢》、尤本等正之。

略斯榆　注：鄭玄曰：斯音曳。

【陳校】

注「鄭玄」。「玄」，當作「德」。

【集說】

胡氏《考異》曰：注「鄭玄曰。」陳曰云云。今案：當作「氏」，各本皆誤。

梁氏《旁證》：陳校「玄」改「德」。胡公《考異》曰云云。

【疏證】

奎本以下諸六臣合注本、尤本悉同。《集注》本無此六字。謹案：語見《史記》本傳「斯榆之君」注引《索隱》正作「鄭氏」。楊慎《古音餘・十六葉》「斯」下引《索隱》亦作「鄭氏」。毛本誤從尤本等，陳校當從《史記》正之，然當從前胡為妥。

仁者不以德來，強者不以力並。意者其殆不可乎　注：不可，猶不堪也。
以其不堪為用，故棄之也。

【陳校】

　　注「不可，猶不堪也。」按：似即謂：不可「德來」、「力並」也。

【疏證】

　　奎本以下諸六臣本、尤本悉同。謹案：此亦陳氏論善注之未得。

躬膝胝無胈　注：孟康曰：膝，膝理也。韋昭曰：胈，身中小毛也。

【陳校】

　　「躬膝胝無胈。」《史記》無「膝」字。《索隱》引李頤注《莊子》「胈，
白肉也」。

【集說】

　　梁氏《旁證》曰：《史記》作「躬胝無胈。」《漢書》作「躬戚骿胝無胈」，
〔注〕：「張揖曰：『戚，湊理也。』臣佖：『檢《字書》無𢨂字。』又戚字，《說
文》云：『戉也。』」〔顏師古〕按：李注引孟康曰：『湊，湊理也。』疑《漢書》
傳寫誤以『湊』字作『𢨂』字耳。」顧氏千里曰：「《史記》『躬胝無胈。』《集
解》：『徐廣曰：胝，腫也。一作膝。音湊。』索隱》：『張揖曰：膝，一作戚。
戚，膝理也。』其言『一作膝』、『一作戚』，皆指胈字之異，不得在躬字下。
《史記》無之，是也。《漢書》『躬戚骿胝無胈』，恐亦有衍誤。」

　　王氏《讀書志餘》曰：「躬膝胝無胈」，句法甚累。《史記》作「躬胝無胈」
《集解》：「徐廣曰：胝，音竹移反。一作膝。音湊，膚理也。」《索隱》本作
「躬膝胝無胈」，云：「張揖曰：膝，一作戚。戚，湊理也。」胝，音丁私反。
《漢書》作「躬戚無胈」，張晏曰：「戚，湊理也。」合《史記》、《漢書》、《文
選》考之，是《史記》作「胝，一作膝」、《漢書》作「戚，一作膝」。自注：膝、
戚古聲相近，故戚或作膝而《文選》及《史記索隱》則膝、胝二字並載，揆厥所
由，皆一本作膝，一本作胝，而後人誤合之也。《史記》作胝又作膝，即其明
證矣。而李善、劉良、司馬貞皆並解膝、胝二字，則其誤已久，獨賴有徐廣
「胝，一作膝」之語，可識其致誤之由耳。

　　胡氏《箋證》曰：王氏念孫曰：「躬膝胝無胈……戚，湊理也。胝，音丁
私反。《漢書》作『躬戚無胈。』今《文選》、《史記索隱》膝、胝並載，蓋緣

『一本作腠』,『一本作胗』,而後人誤合之也。」顧氏廣圻曰:「《集解》:『徐廣曰:胗,腫也。音湊。』《索隱》:『張揖曰:腠,一作戚。戚,腠理也。』其言一作腠、一作戚,皆指胝字之異,不得在躬字下。《史記》無之,是也。」紹煐按:王校精。顧以「腠」、「戚」為「胝」字之異文,則讀注不熟耳。徐廣云:「一作腠」者,指胗言之,故云「胗,腫也。」善引《解詁》云「胗,躪也。」腫、躪義同。

　　許氏《筆記》曰:《史記》無「腠」字。《漢書》作「躬戚骿胗無胈」,臣佖曰:「《字書》無戚字,合為湊。湊,腠理也。」

【疏證】

　　《集注》本、諸《文選》本咸同。謹案:《史記》本傳作「躬胗無胈」,「胗」字或作「腠」,徐廣可證。《漢書》本傳作「躬戚無胈」,「戚」字,或作「腠」,張晏可證。而《文選》及《史記索隱》則「腠」、「胗」二字並載,誤也。致譌之由,則由如《史記》有「胗」、「腠」二本,而後人誤合之也。王氏言之詳而明。徐廣明言「腠」係「胗」之異文,非「胈」之異,同理,戚為「腠」之異,故顧氏「其言一作腠、一作戚,皆指胈字之異,不得在躬字下」云云,誤矣。顧氏結論雖與王氏同是《史記》,而未解《史記索隱》、《文選》及《漢書》等致譌之因。後胡以「王(念孫)校精」,說至確,譏顧氏「讀注不熟」,其實是讀徐廣語,未深究耳。王校以《漢書》作「躬戚無胈」,與今本作「躬傶骿胗無胈」不同。今本「傶」字,蓋通「戚」,義亦為腠理。見王氏《廣雅疏證·釋詁》三。傶、胗並見之因,已見上文。今本復衍「骿」字,按《集注》本引陸善經注曰:「一本無腠字。胗,骿胗也。」足見陸善經本亦有「胗」無「骿」,「骿」字,原為釋「胗」連類而及。「骿胗」並見,或因有人「胗」旁添「骿」字為注,後人復誤入《漢書》正文爾。腠、戚古聲相近,故戚(傶)與腠同。上《旁證》引「臣佖」至「傶字耳」一節,蓋出殿本《漢書》注。宋祁所引。王先謙《漢書補注》入之「補注」。「傶字耳」下,有「合為湊」注,蓋亦未明戚(傶)與湊(腠)同耳。毛本蓋誤從尤、建本等。陳校異文取「無腠字」,標舉《史記》。此處識見闇合王校,可謂卓識。顧校不載《考異》,豈已悟其非歟?

豈特委瑣喔齪

【陳校】

　　楊用修曰:「委瑣」以下,「常者」也,「崇論閎議」以下,「非常者」也。

「疏逖不閉」而下，則「臻厥成，天下晏如矣。」

【疏證】

奎本以下諸六臣本、尤本悉同。謹案：此陳引明賢楊慎說，發明分解文意。無關校勘。

脩誦習傳

【陳校】

「脩」，當從《漢書》作「循」。二字相近，故傳寫誤耳。

【集說】

余氏《音義》曰：何曰：「修誦」。《漢書》「修」，作「循」。

孫氏《考異》同余氏《音義》。

胡氏《考異》曰：「脩誦習傳」。何曰云云。陳云：「當作循。」案：《史記》亦作「循」。古書二字多互誤，何、陳所校是也，袁、茶陵二本亦誤。

梁氏《旁證》曰：《史記》、《漢書》「修」，並作「循」。是也。

胡氏《箋證》曰：梁氏《旁證》云云。

許氏《筆記》曰：《史》、《漢》並作「循誦」。《文選》中「修」、「循」二字每互淆，以形相近。嘉德案：何曰云云。陳云：「當作循。」何、陳所校是也。《史記》亦作「循」。古書「修」、「脩」不別，「脩」與「循」，又形相似，故多互誤。茶、袁本亦誤「脩」。

黃氏《平點》曰：據《漢書》「脩」改「循」。「循誦習傳」，言循其所誦，習其所傳也。

【疏證】

《集注》本作「修」，引《鈔》作「脩」。引《音決》作「循」，曰：「修為循。音巡。」奎本作「修」外，其餘諸《文選》本並作「脩」。趙晉《文選敏音》曰：「《漢書》修作循。脩、循二字隸文相類，脩之於循，下加一畫耳。循文審義，當作脩。《論語》：『德之不脩。』」謹案：五臣亦作「脩」，銑注可證。趙說不為無理，然《史記》、《漢書》本傳並作「循」，陳、何校據之，亦有根據。考六朝以來俗寫「脩」、「修」、「循」不分，故多相淆。若其義可通，則無須執一。此朱氏《集釋》之主張。今觀「脩（修）誦」、「循誦」，與下「習傳」，皆可相偶為文，其義皆通，故當兩存，如《集注》兼容三家然也。

必將崇論吰議　注：鄧展子曰：《字詁》云：吰，今宏字。

【陳校】

注「鄧展子」。「子」字衍。

【集說】

顧按：此注「鄧展」下有脫文。展，不當引《字詁》也。

胡氏《考異》曰：注「鄧展子曰」。陳曰云云。是也，袁本「展子」作「子展」，茶陵本亦作「展子」，皆衍。

梁氏《旁證》曰：《史記》「吰」作「閎」。《漢書》作「竑」。顏注：「竑，深也，音宏。」陳校去「子」字。

許氏《筆記》曰：《史》作「閎」，《漢》作「竑」。嘉德案：《長門賦》「聲噌吰而似鐘音。」《廣韻》云：「吰，音宏。噌吰，鐘音。」此注引《字詁》云：「吰，今宏字。」是「吰」即「宏」也。《說文·谷部》：「竑，谷中響也」段曰：「此與弘義近」，蓋宏、弘、吰、閎四字，古多通用。《考工記》：「其聲大而宏」司農注：「謂聲音大也」，引申為凡大之稱。《傳》作「崇論竑義」，假「竑」為「宏」也。閎，本訓巷門。《爾雅·釋宮》：「閉門謂之閎。」諸書用作「閎議」，亦假「閎」為「宏」也。然則，作吰、作弘、作閎皆通，皆宏也。

【疏證】

奎本以下諸六臣合注本、尤本誤同。《集注》本善無注。引《鈔》作「劉展曰：《古今字詁》云」。謹案：鄧展，亦《漢書》注家。本書荊軻《歌》「高漸離擊筑」注引「鄧展《漢書注》曰」云云，可證。本書引鄧注二十餘處，故作「劉」、衍「子」，並非。毛本當誤從尤本等，陳校當從本書內證等正之。顧按有理，當如《鈔》作「《古今字詁》」。《鈔》外，以上諸《文選》本悉脫「古今」二字。《隋書·經籍志一》有「《古今字詁》三卷。張揖撰」。鄧，三國魏南陽人，建安中為奮威將軍。張揖，後魏人。亦鄧不及引，恐同名作。嘉德引《攷工記》並司農注、《相如傳》等，大抵從段注出。

故乃關沫若　注：張揖曰：沫水，出蜀西徼外，入于江。若水，出廣平徼外出旄牛。入江。沫，音妹。

【陳校】

注「［出］蜀西徼外。」「西」，當作「廣平」。又下「廣平徼外出旄牛」，

當作「出旄牛徼外」。

【集說】

胡氏《考異》曰：注「出蜀西徼外」。陳云「西，當作廣平。」是也，各本皆誤。案：《說文》「沬」下作「西」，《江賦》注引，故或以改此。其實張揖自作「廣平」，顏注及《索隱》引可證。

梁氏《旁證》曰：陳曰：「前注當作『出蜀廣平徼外』，後注當作『出旄牛徼外。』」顏注及《索隱》引可證。

朱氏《集釋》曰：注又引「張揖曰：『若水，出廣平徼外出旄牛。入江。』」案：此注有誤。胡氏《考異》云：「當作『旄牛徼外。』」是也。《漢志》「蜀郡旄牛」下云：「若水出徼外，南至大莋入繩」……《水經·若水篇》：「出蜀郡旄牛徼外，東南至故關為若水。」與《漢志》合。關，即此文所稱是已。

許氏《筆記》曰：嘉德案：注引張揖曰：「沬水，出蜀西徼外……入江」，當作「沬水，出蜀廣平徼外，若水，出旄牛徼外，入江」，蓋張揖原注如此。顏注及《索隱》所引可證。張注蓋不與《說文》同耳。陳、胡所校亦云。

【疏證】

奎本、明州本誤作向注，餘同。贛本、尤本、建本二處誤同。《集注》本前注誤同；後注作「出旄牛徼外」，不誤。謹案：《史記索隱》本傳「沬若水」注：「張揖曰：『沬水出蜀廣平徼外……若水出旄牛徼外，至僰道入江。』」《漢書》本傳「西至沬若水」注：「張揖曰：『沬水出蜀廣平徼外。若水出旄牛徼外。』師古曰：『沬，音妹。』」善注實揑合《漢書》顏注及《史記索隱》二家。陳校即據此二家正之，是也。毛本蓋誤從尤、建二本等。前胡揣測以《江賦》注引《說文》誤改，疑是。見《江賦》「聿經始於洛沬」注引《說文》曰：「沬水出蜀西塞外，東南入江」云。

梁孫原　注：張揖曰：孫水，出登縣南。

【陳校】

注「出登縣」。「登」，當作「臺登」。

【集說】

胡氏《考異》曰：注「出登縣」。陳曰云云。是也，各本皆脫。案：顏注引可證。

梁氏《旁證》曰：陳校「登」上添「臺」字。據《漢書》注也。各本皆脫。

【疏證】

《集注》本作「臺登」。奎本、明州本誤作濟注，餘同。贛本、尤本、建本脫同。謹案：《漢書》本傳「通靈山道橋孫水」顏注引張揖注，正作「臺登」，《冊府元龜》卷六百五十三、卷六百六十二兩引、《方輿勝覽·威州》「橋孫水」注引並同。毛本當誤從尤、建二本等，陳校當從《漢書》補之。

曶爽闇昧　注：郭璞《三倉解詁》曰。

【陳校】

注「三倉」。「倉」，「蒼」誤。

【疏證】

《集注》本、奎本以下諸六臣合注本、尤本悉作「蒼」。謹案：《隋書·經籍志一》：「《三蒼》三卷」注：「郭璞注。秦相李斯作《蒼頡篇》，漢揚雄作《訓纂篇》，後漢郎中賈魴作《滂喜篇》，故曰三蒼。」「三蒼」之「蒼」，緣「蒼頡」得名，按理，不得作「倉」。然「倉」、「蒼」既通參上《上林賦》「箴疵鵁盧」條，則無妨通用，本書司馬長卿《上林賦》「凌三嶕之危」注、《蕪城賦》「是以板築雉堞之殷」注、王僧達《祭顏光祿文》「文蔽班」注引郭注，並作「《三倉》」。其餘十餘處，如揚子雲《羽獵賦》「啾啾蹌蹌」、「蹈嶺獺」注二引則作「《三蒼》」焉。

猶鷦鵬已翔乎寥廓之宇　注：《爾雅》曰：寥，深也。空廓寥寥也。

【陳校】

注「《爾雅》」。「爾」，「廣」誤。又「空廓寥寥也」，當作「廓，空也」。

【集說】

胡氏《考異》曰：注「《爾雅》曰」。陳曰云云。又注「空廓寥寥也」。陳曰云云。是也，各本皆誤。

梁氏《旁證》曰：陳校「爾」改「廣」、「空廓」，改「廓空」、刪「寥寥」二字，是也。各本皆誤。

許氏《筆記》曰：《史》、《漢》皆無「之宇」二字。刪。嘉德案：又注「《爾雅》曰」。「爾」，當作「廣」。陳云：「注空廓」云云。是也，並正。又「寥廓」

字，《說文》作「廫霩」。

【疏證】

奎本以下諸六臣合注本、尤本皆同。《集注》本作「廣」，下同。謹案：「窅，深也」，語見《廣雅・釋詁》三；「空廓寥寥也」與「廓，空也」，並不見今本《廣雅》。今觀上既引《廣雅》釋竟「寥」字，則下文祇須解「廓」字，斷不得有「空廓」五字矣。此一點，業已可證陳校之得。復檢本書，果見善每引《廣雅》，以分釋「寥」、「廓」字。如：賈誼《鵩鳥賦》「寥廓忽荒兮」注、鮑明遠《舞鶴賦》「景物澄廓」注、陸士衡《歎逝賦》「或寥廓而僅半」注、左太沖《詠史詩（荊軻）》「壁立何寥廓」注、盧子諒《贈劉琨》「廓焉靡結」注、謝玄暉《暫使下都夜發新林至京邑──》「寥廓已高翔」注引並是，一如陳校者也。毛本當誤從尤、建二本等，陳校則據本書內證耳。此等處，皆見陳氏果熟爛《文選》者也。

文選卷四十五

答客難一首　東方曼倩

東方曼倩　注：《漢書》曰：朔上書，推意放蕩。

【陳校】

注「推意放蕩」。「推」，「指」誤。

【集說】

胡氏《考異》曰：「推意放蕩。」何校「推」，改「指」，陳同。是也，各本皆誤。《漢書》可證。

梁氏《旁證》口：《漢書・東方朔傳》「推」作「指」，是也。

【疏證】

奎本以下諸六臣合注本、尤本誤同。謹案：語見《漢書》、《通志》本傳，正作「指」，《冊府元龜》卷七百六十九、卷九百兩引並同。「推」、「指」形近而譌。毛本當誤從尤、建二本等。此陳、何據史志校，是也。

傳曰：天下無害，雖有聖人，無所施才；上下和同，雖有賢者，無所立功。

【陳校】

「《傳》曰：天下無害」七句，《漢書》無。

【集說】

孫氏《考異》曰：「《傳》曰：天下無害」云云。《漢書》無此二十六字。

胡氏《考異》曰：袁本、茶陵本「害」下有「菑」字，袁本有校語云：「善無」。茶陵本無校語。案：各本所見皆有誤也。「菑」字韻與下文「才」字協，蓋善當是作「天下無菑」也。又案：「天下無害」。陳云「傳曰七句，《漢書》無。」凡他書所有之文，與此或相出入，但可借以取證，不得竟依彼校此，斯其例矣。

張氏《膠言》曰：胡中丞云：「袁、茶二本害下有菑字……陳云：『傳曰七句，《漢書》無。』」

梁氏《旁證》曰：《漢書》無此二十六字。

許氏《筆記》曰：「天下無害」。六臣本「害」下有「菑」字。嘉德案：案：六臣袁、茶本作「天下無害菑」，多「菑」字。袁本云：善無「菑」字。胡曰：「二本所見皆有誤也。菑字韻與下文才字協。蓋善本當是作天下無菑。」胡說當是。又，陳云：「《傳》曰七句」云云。

【疏證】

《敦煌·法藏本》頁 2527、諸《文選》本悉有此七句。謹案：此七句《漢書》無，《史記》本傳有。《史》、《漢》異處，李善多見從《史記》。《冊府元龜》卷七百六十九亦有此七句。毛本當從尤、建二本，陳校則備異聞耳。「凡他書所有之文，與此或相出入，但可借以取證，不得竟依彼校此」，前胡蓋謂《史記》作「害菑」，善注雖從《史記》，然祇取為作「菑」之借證，而不取其「害」字，即所謂「不以彼校此」。此例甚得校勘引他書家法，可堪後學遵從。亦非他校選家可比肩。

若夫燕之用樂毅 注：《史記》曰：樂毅為魏昭王使於燕，燕時以禮待之，遂委質為臣下。

【陳校】

注「燕時以禮待之。」「時」，「王」誤、「禮」上脫「客」字。「遂委質為臣下」。「下」字衍。

【集說】

胡氏《考異》曰：注「燕時以禮待之。遂委質為臣下。」陳曰云云。是

也。此所引《樂毅傳》文。

　　梁氏《旁證》曰：同胡氏《考異》。

【疏證】

　　奎本以下諸六臣合注本、尤本三字誤、脫、衍同。《敦煌·法藏本》第2527頁作「燕昭以禮待之」、衍「下」字。謹案：事見《史記·樂毅列傳》，作「燕王以客禮待之。樂毅辭讓，遂委質為臣。燕昭王以為亞卿」，《通志·樂毅傳》並同。毛本當誤從尤、建二本等，陳校當從《史記》正之。「時」字，《敦煌·法藏本》本作「昭」，亦得，蓋燕、魏二王謚並為「昭」。

而終於大道也

【陳校】

　　「終」下，脫「惑」字。

【集說】

　　梁氏《旁證》曰：《漢書》「惑」，作「或」。毛本誤脫。

【疏證】

　　《敦煌·法藏本》第2527頁、諸《文選》本悉有「惑」字。謹案：語見《漢書》、《通志》本傳，正有「惑」字，《冊府元龜》卷七百六十九同。「或」與「惑」通。《玉篇·戈部》：「或，有疑也。」五臣有「惑」字，翰注可證。毛本獨脫，陳校當從《漢書》、尤本等補之。

解嘲一首　揚子雲

士無常居

【陳校】

　　「居」，「君」誤。

【集說】

　　孫氏《考異》曰：「居」，何校改「君」。

　　許氏《筆記》曰：「居」，《漢》作「君」。嘉德案：何校亦依《漢書》，「居」改「君」。

【疏證】

　　諸《文選》本皆作「君」。《敦煌·法藏本》第2527頁作：「士亡常君」。謹案：《古今合璧事類備要》續集卷三十九同《敦煌·法藏本》。「亡」，與「無」同。事見《漢書》本傳，正作「君」字，《冊府元龜》卷七百六十九同。「君」字正與下文「國無定臣」偶。毛本獨因兩字形近傳寫而誤，陳、何校當從《漢書》、尤本等正之。「居」、「君」傳寫互譌，屢見本書。

是故鄒衍以頡頏而取世資　注：蘇林曰：頡音提挈之挈。〔善曰〕頡頏，奇怪之辭也。鄒衍著書，雖奇怪，尚取世以為資，而己為之師也。言資，以避下文也。

【陳校】

　　（注「頡頏，奇怪之辭也」）按：夏侯湛《東方朔畫象贊序》曰：「先生以為苟出不可以直道也，故頡頏以傲世。」蓋以「頡頏」，為「與時俯仰」之義，似勝蘇解。「取世資」，言取當世祿位，恐非「師資」之謂。

【疏證】

　　贛本、尤本、建本同。奎本、明州本注「頡頏」上有「善曰」二字。謹案：此陳以本書內證，校善注引蘇說之不當。其校立論雖是，然有瑕疵。據奎、明二本，「頡頏，奇怪之辭也」云云，逕為善注，非如陳言為善引「蘇解」。《漢書·揚雄傳》本句有宋祁曰：「李善云：頡亢，奇怪之辭。」足可為此借證。

孟子雖連蹇，猶為萬乘師　注：蘇林曰：連蹇，言語不便利也。

【陳校】

　　注「連蹇，言語不便利也。」按：孟子在當時有好辨之稱，言語不便之釋，於義未愜。宜小顏不取此說，以張晏「屯難」之解為當也。連，顏音輦，然似讀本音亦可。連蹇者，言邀遊齊、梁，皆無所遇耳。

【謹案】

　　奎本以下諸六臣本尤本悉同。謹案：《漢書·揚雄傳》顏注未引蘇林說。陳校是。陳校實從小顏所引張晏「屯難」說及五臣良注出耳。

右渠搜　注：應劭曰：《禹貢》：析支、渠搜屬雍州，在金城河間之西。

【陳校】

注「河間」。「間」，「關」誤。

【集說】

胡氏《考異》曰：注「在金城河間之西」。何校「間」，改「關」，陳同。是也，各本皆脫。

梁氏《旁證》同胡氏《考異》。

【疏證】

奎本以下諸六臣合注本、尤本誤同。《敦煌‧法藏本》第 2527 頁作「關」。謹案：《漢書》本傳亦誤作「間」。「金城河關縣」，見《漢書‧地理志》。《志》曰：「積石山，在金城河關縣西南羌中。」《史記‧夏本紀》「浮于積石」索隱曰：「積石，在金城河關縣西南。」毛本當誤從尤、建二本等，陳、何當據史志補，然「河關」下，尚得補一「縣」字。

後椒塗

【陳校】

「椒」，《漢書》作「陶」。師古曰：「有作椒者，乃流俗所改。」

【集說】

余氏《音義》曰：何曰：「椒」，《漢書》作「陶」。師古注：「有作椒者，流俗所改。」

孫氏《考異》同余氏《音義》。

胡氏《考異》曰：袁本、茶陵本「椒」作「陶」，云：善作「椒」。何校曰云云。陳同。謹案：何、陳所校非也。顏本作「陶」，具見彼注。善此引應劭曰：「在漁陽之北界」，與顏義迥別。蓋應氏《漢書》作「椒」，顏所不取，而善意從之也。若以顏改善，是所未安。凡《選》中諸文，謂與他書必異亦非，必同亦非，其為例也如此。

梁氏《旁證》曰：六臣本、《漢書》「椒」作「陶」。師古曰：「今此云後陶塗，則是北方國名也，本國出馬，因以為名。今書本陶字，有作椒者，流俗所改。」胡公《考異》曰：「善注引應劭曰：在漁陽之北界，與顏義別。蓋應氏作椒，顏所不取，而善或從之。」

姚氏《筆記》曰：何曰云云。

胡氏《箋證》曰：《旁證》云：六臣本、《漢書》「椒」並作「陶」。顏注：「驕駼馬出北海上，今此云後陶塗，則是北方國名也……書本陶字，有作椒者，流俗所改。」

許氏《筆記》曰：「椒」，《漢》作「陶」。師古曰：「有作椒者，流俗所改。」嘉德案：六臣袁本、茶陵本作「陶」，云：善作「椒」。何校曰云云，陳校亦作「陶」。胡曰云云。

【疏證】

五臣正德本、陳本作「陶」。奎本以下諸六臣合注本作「陶」，並校云：善本作「椒」。《藝文類聚》卷二十五、《北堂書鈔》卷十五、《敦煌·法藏本》第2527頁、尤本作「椒」。謹案：《冊府元龜》卷七百六十九、《古今事文類聚》別集卷二十引、《古今合璧事類備要》續集卷三十九「揚雄解嘲」注引並同《漢書》。善自作「椒」，從應氏；五臣作「陶」，蓋從顏注《漢書》。前胡云「凡《選》中諸文，謂與他書必異亦非，必同亦非，其為例也如此」，此說通達，其所見真，切合善注實情。本條再證善立意在異同顏注，恰如後來五臣每欲分歧善注耳。毛本蓋從尤本，陳、何蓋備異聞爾。倘欲以顏改善，則又讓前胡一頭地焉。

結以倚廬　注：應劭曰：漢律：以為親行三年服，不得選舉。

【陳校】

注「以為親行。」「以」，「不」誤。

【集說】

胡氏《考異》曰：注「以為親行三年服。」茶陵本「以」作「不」，是也。袁本亦作「以」、《漢書》注引「以」、「不」兩有，皆非。

【疏證】

奎本、尤本誤同。明州本、贛本、建本作「不」。謹案：《漢書》本傳應劭注作「以不」字，《冊府元龜》卷七百六十九同。《漢書》作「以不」，善本作「不」，皆通。如：方以智《通雅·事制》引作「以不」，而《日知錄·君喪》引作「不」。前胡以《漢書》注為非，不然。毛本誤從尤本，陳校當從贛本等正之。

皆擬於阿衡　注：《詩》曰：商惟阿衡，左右商王。

【陳校】

注「商惟阿衡。」「商」，「實」誤。

【疏證】

奎本以下諸六臣合注本、尤本悉作「實」。謹案：語見《毛詩注疏·商頌·長發》，正作「實」字，《記纂淵海》卷二十六引同。本書范蔚宗《後漢書二十八將傳論》「或任以阿衡之地」注、王仲寶《褚淵碑文》「台衡之望斯集」注引並作「實」。此毛本獨涉下而誤，陳校當從本書內證、《毛詩》、尤本等正之。

種蠡存而越霸　注：《史記》又曰：越王句踐返國，奉國�屬大夫種，而使范蠡行成，為質與吳。

【陳校】

注「奉國� address」。「�」，「政」誤。「為質與吳。」「與」，「於」誤。

【疏證】

奎本、贛本、尤本、建本作「政」、「於」。明州本脫善注。謹案：事見《史記·越王勾踐世家》，正作「政」、「於」，《太平御覽》卷四百八十同。二字，毛本獨先因形近，次因音近而誤。陳校當從《史記》、尤本等正之。

五羖入而秦喜　注：《史記》曰：秦穆公聞百里奚，欲重贖之。

【陳校】

注「欲重贖之。」「欲」上，脫「賢」字。

【集說】

胡氏《考異》曰：注「秦穆公聞百里奚。」陳曰云云。是也，各本皆脫。

梁氏《旁證》曰：陳校云云。各本皆脫。

【疏證】

奎本以下諸六臣合注本、尤本悉脫。謹案：事見《史記·秦本紀》，正有「賢」字，《冊府元龜》卷二百四十一引、任淵《山谷內集詩注·詠李伯時摹韓幹三馬次子由韻——》「士或不價五羖皮」注引並同。毛本當誤從尤本等，陳校當從《史記》補之。

或倚夷門而笑　注：應劭曰：侯贏也。無忌將百餘人往過贏，贏無所誡，更還，見贏。贏笑之，以謀告無忌。

【陳校】

注中「侯贏」，並「贏」誤。

【集說】

余氏《音義》曰：「侯贏」。「贏」，何改「贏」。本條「贏」字同。

【疏證】

奎本以下諸六臣合注本、尤本悉作「贏」。謹案：事見《史記·信陵君列傳》：「魏有隱士曰侯贏」，注引《索隱》：「音盈。又曹植音贏瘦之贏。」「贏」與「贏」通，參上司馬長卿《子虛賦》「雙鶬下」條。毛本當從尤本等，陳、何不改亦得。本條「贏」凡五見，皆同。此亦毛本好用古字之佐證。

翕肩蹈背　注：《孟子》曰：脅肩諂笑。劉熙曰：脅肩，悚體也。

【陳校】

注「悚體」。「悚」，「竦」誤。

【集說】

顧按：「悚」，亦即「竦」字也。

【疏證】

奎本以下諸六臣合注本、尤本悉同。謹案：語見《孟子注疏·滕文公章句下》，趙注作「竦」。《太平御覽》卷三百九十一引同。「竦」，《爾雅·釋詁》：「竦，懼也。」《韓非子·主道》：「明君無為於上，群臣竦懼乎下。」「悚」，《玉篇·心部》：「悚，懼也」。「悚」與「竦」，《廣韻》並「息拱切」。音、義並同，字可通。顧按是也。善注取《孟子》劉注，《隋書·經籍志三》有：「《孟子》七卷。劉熙注。」毛本當從尤、建二本等，陳校則據趙注耳，要之，不必改也。

（抵）〔抵〕穰侯而代

【陳校】

「代」下脫「之」字。

【疏證】

諸《文選》本咸有「之」字。謹案：《漢書》、《通志》本傳有「之」字，《冊府元龜》卷七百六十九同。毛本獨傳寫而脫，陳校當從《漢書》、尤本等補之。

掉三寸之舌　注：《論語》：摘輔像曰：子貢悼三寸之舌，動於四海之內。

【陳校】

注「悼三寸」。「悼」，「掉」誤。

【疏證】

奎本、明州本、尤本作「掉」。贛本、建本無「《論語》」以下十九字。謹案：今本《論語》不見此十九字。毛本當從尤本等，然傳寫有誤，陳校當從正文、尤本等正之。

雖其人之膽智哉

【陳校】

「膽」，《漢書》作「贍」。又：夏侯湛《贊東方生》有「贍智宏才」之語，李善注仍引《解嘲》之文，則此「膽」字，乃傳寫之譌耳。

【集說】

葉刻：少章云：「膽字，《漢書》作『贍』。又，夏侯湛《東方朔贊》有『贍智宏才』之語，李善引《解嘲》之文作注，則『膽』字，刊本之誤也。」

余氏《音義》曰：何引少章曰云云。

孫氏《考異》曰：何引「少章曰」云云。志祖按：潘岳《馬汧督誄》：「才博智贍」注，亦引《解嘲》語可證。

顧按：又見《馬汧督誄》注。

胡氏《考異》曰：「雖其人之膽智哉。」袁本、茶陵本「膽」作「贍」，云：善作「膽」。陳曰云云。案：所校是也。又《馬汧督誄》「才博智贍」注引同，亦可證。

梁氏《旁證》曰：《漢書》「膽」作「贍」。何曰：「夏侯湛《東方朔贊》有『贍智宏才』之語，李引《解嘲》作注，則『膽』字，刊本誤也。」按：本書潘岳《馬汧督誄》「才博智贍」注亦引《解嘲》語，可證。

姚氏《筆記》曰：陳少章云云（同葉刻）。

徐氏《糾何》曰：何曰云云。案：非特《東方贊》已也。潘安仁《馬汧督誄》「材博智瞻」注，亦曾引及。

胡氏《箋證》曰：六臣本校云：「瞻」，善作「膽」。按：善亦當作「瞻」。本書《東方朔贊》「瞻智宏才」、《馬汧督誄》「材博智瞻」注，並引作「瞻」可證。此殆傳寫誤。

許氏《筆記》曰：陳少章云：「膽，《漢書》作『瞻』。……刊本之誤也。」案：《馬汧督誄》「才博智瞻」亦引此作注。嘉德案：六臣茶陵本、袁本並作「瞻」，云：善作「膽」。據陳校及所引《解嘲》，善豈作「膽」哉？此形相似傳寫譌耳。

【疏證】

尤本誤同。五臣正德本及陳本作「瞻」，奎本以下諸六臣合注本同，有校云：「善本作膽字」。謹案：《藝文類聚》卷二十五、《冊府元龜》卷七百六十九誤同，足證奎本所見善本已誤矣。《古今合璧事類備要》續集卷三十九作「瞻」。《漢書・揚雄傳下》「唯其人之瞻知哉」師古曰「非唯其人瞻知，乃會時之可為也。」文並注並作「瞻知」，可為當作「瞻」之旁證知，與智同。此二字因形近而傳寫多誤，毛本當誤從尤本，陳、何校當據《漢書》、本書內證、贛本等正之。孫、梁、徐、後胡諸家說，亦是。

答賓戲一首 班孟堅

取舍者，昔人之上務 注：列德曰：取者，施行道德也。

【陳校】

注「列德曰」。「列」，「劉」誤。

【疏證】

奎本、明州本作「劉」，誤為向注。贛本、尤本、建本作「劉」。謹案：語亦見《漢書・敘傳》顏注引，正作「劉德」。五臣注罕見徵引，奎本合併六臣，「劉」上脫「善曰」二字，遂至誤接為向注。毛本獨因涉正文下文「著作者，前列之餘事耳」而誤，陳校當從《漢書》、尤本等正之。

矕龍虎之文　注：孟唐曰：矕，被也。

【陳校】

　　舊注「孟唐」，「康」誤。

【疏證】

　　奎本、贛本、尤本、建本作「康」。明州本脫「孟康」字。謹案：語見《漢書·敘傳》顏注引正作「孟康」。毛本獨因形近而誤，陳校當從《漢書》、尤本等正之。本書馬季長《長笛賦》：「長矕遠引，旋復廻皇」注：「孟康《漢書》注曰：『矕，視也。』莫于切。」亦引孟康注「矕」字，因知「矕」有「被」、「視」二義。雖義有歧出，然亦可為本條為「康」注之佐證。本書《長笛賦》之作「視」義，其實出上引《漢書·敘傳》顏引晉灼說。顏注云：「孟康曰：『矕，被也。《易》曰：大人虎變其文炳也。言文章之盛久也。』晉灼曰：『矕，視也，言目厭見其文久矣。』師古曰：『尋其下句，孟說是也。矕，音莫限反。』」原來，晉灼釋為「視」。然「尋其下句」，「舊矣」之注，孟康引《易》，晉謂「目厭見其文久矣」，顯然以孟說為切，故顏監以晉作「視」非，謂「孟說是」也。值得注意者：五臣與善注對顏注（包括顏引舊注）取舍異同之價值趨向。善取顏注，五臣取善，並有求異之心，自古注者人同此心。然善於顏注，取舍之間，唯在擇善；而凡《選》文並載《漢書》者，五臣通常取顏注，以歧出善注，而罔顧切對善惡。此價值趨向，已決定了五臣之所以不及善注焉。今審兩家於《長笛賦》及本篇顏注之取舍，可確證上說。善於《長笛賦》注「矕，視也」；本篇「矕，被也」並取顏引孟康。而五臣於《長笛賦》，翰曰：「矕，被也。言水聲、鴻聲相被遠引不絕」，蓋同取孟康，而竟異善注；其於本篇，則銑曰：「矕，見也」，乃從晉灼說，罔顧得失，無視顏判，已舍顏而惟異同善注為求矣。

奮翼鱗　注：項岱曰：……。翼、鱗皆為飛龍。

【陳校】

　　注「為飛龍」。「為」，「謂」誤。

【疏證】

　　奎本、尤本作「謂」。明州本、贛本、建本脫善注並善引舊注。謹案：「謂」與「為」通，無煩改。說已屢見上。又，胡氏《考異》曰：「袁本『翼』

上有『善曰』二字，是也。茶陵本刪此節注，非也」。奎本「翼」上正有「善曰」字，有者是。否則，善注將誤成舊項岱注矣。茶陵本無此節注，蓋誤從贛、建二本。始作俑者，則是明州本，此前胡限于所見版本，不能知矣。附識於此。

振扳洿塗　注：《說文》曰：塗，流也。

【陳校】

　　「扳」，「拔」誤。又注：「塗，流也。」「流」，「泥」誤。

【疏證】

　　奎本以下諸六臣合注本、尤本悉作「拔」、「泥」。謹案：《漢書·敘傳》作「拔」，本書潘安仁《楊荆州誄》「奮躍淵塗」注引同。《說文·土部》，正作「泥」。《漢書》顏注亦作「泥」。《冊府元龜》卷七百六十九注引同。毛本皆因形近而誤，陳校當從《漢書》、《說文》、本書內證、尤本等正之。

縆以年歲　注：如淳曰：縆，音亙竟之亙。《方言》曰：縆，竟也。古鄧切。晉灼曰以亙為縆。

【陳校】

　　注「縆，竟也。」「縆」，「亙」誤。「晉灼曰」。「曰」字，衍。

【集說】

　　胡氏《考異》曰：注「晉灼曰以亙為縆」。陳曰云云。是也，各本皆衍。又案：據此，似正文當作「亙」也。上注當作「亙，音『亙竟』之亙。」今皆作「縆」者，依晉灼改之而誤。茶陵本校語云：五臣作「亙」。袁本云：善作「縆」。其實善亦作「亙」也。《西都賦》「亙長樂」，孟堅用「亙」字之證，《漢書》及顏注引如淳作「恒」，「恒」、「亙」同字，或師古讀彼賦亦為「恒」字歟？

　　梁氏《旁證》曰：五臣「縆」作「亙」，良注可證。《漢書》作「恒」。陳景雲云：「曰字各本衍。」

　　許氏《筆記》曰：「縆以年歲」之「縆」，《漢》作恆。《方言》作絚，晉灼作緪。《說文》：「緪，大索也。一曰急也。从系恆聲。古恆切」；「恆，常也。从心從舟，在二之間，上下一心，以舟施恆也。胡登切。古文作𢛢，从月。

《詩》曰：『如月之恆』」；「梖，竟也。从木恆聲。古鄧切。古文作亙。《天保》釋文云：「恆，本亦作緪。同古鄧反。沈，古恆反。弦也。」如淳「恆，音亙竟之亙。」是緪、恆、亙、梖，四字通。而《方言》作絚，又為緪之省也。嘉德案：《說文》恆之本字作「恆」，故曰「从心从舟，在二之間，」隸變作恆，俗从心从亙，誤也。恆之古文从月。《說文》引「《詩》曰：如月之恆」，段曰：「此說從月之意，非謂《毛詩》作亙也。《詩》之恆，本亦作緪，謂張弦也。月上弦而就盈。於是有恆久之義。」然則，恆、亙同字。古亦作緪，皆久長之義也。《木部》「梖，竟也。」古文作亘，今字作亙，與恆之古文亙字，其形不甚區別。今人恆竟字，皆用古文之亙，不用梖字。」「弓人」注曰：「恆讀為梖。梖，竟也。《大雅》恆之秬秠，毛云：恆，徧也。徧與竟義相近。是又恆與梖，義亦通也。《方言》之絚即緪字，非從亙之絚也。」胡曰：「陳云：『注晉灼曰以亙為緪，曰字衍。』是也。」胡又曰：「據此，似正文當作亙，音『亙竟』之亙。今皆作緪者，依晉灼改之而誤。茶陵本云：『五臣作亙』，袁本云：『善作緪』，其實善亦作亙也。」嘉德案：玩注意，及考緪、恆、亙、絚相通之義，又《漢書》各說，則胡說非也。若本作亙，李氏不必再「音亙竟之亙」。蓋正文作緪，《漢書》如淳作恆，故注引如淳「恆，音亙竟之亙」，又引《方言》「絚，竟也」轉釋「亙竟」之義，亦謂「即緪字」，蓋《方言》曰：「絚，秦晉或曰緪」，同也。末引「晉灼以恆為緪」，乃注「緪」字，蓋從晉說也。原刻「如淳曰」下「緪」當作「恆」，「《方言》曰」下「緪」當作「絚」，皆本文如此。晉灼「以亙為緪」，當作「以恆為緪」，又，「亙作亙」者譌字，亘與亙互異，俗混不可从。

【疏證】

奎本以下諸六臣合注本、尤本引《方言》悉作「緪」、「晉灼」下皆衍「曰」字。毛本當從尤、建二本等，陳校當從本書內證正之。謹案：前胡主善與五臣並作亙。嘉德以前胡說非，主善緪、五臣亙。具體而言，前胡注正文當作亙，如注、《方言》同，晉注作緪。嘉德則主正文作緪（姑不計與「緪」之別，下恒與恆等，以此類推），如注作恒，《方言》絚，晉注緪。究以何說為是？當以前胡為宜。爭議關鍵在善所據如注、《方言》，「緪」為何字。前胡主亙，嘉德駁曰如此，「李氏不必再『音亙竟之亙』」。嘉德豈不明「亙」有二讀，「古鄧」外復有「苟緣」之音，義亦有別？此李蓋取其「窮盡」、「連續」之義，不得不如此爾。今檢《漢書‧敘傳》作「恒以年歲」，顏援「如淳曰：恒，音亙

竟之亙」之下，復有「師古曰：恒，音工贈反」。然則，善與顏本《漢書》引如注音、義並同，惟字面有亙、恒之異，二字本通，此《漢書》異文，固不必疑焉。嘉德又以「《方言》曰」下「緪」，本文作「絙」。此又不明前胡主善引《方言》作「亙」，有本書眾多內證。《西都賦》：「北彌明光而亙長樂」注：「《方言》曰：『亙，竟也。』」善又云「亙、絙古字通。」《西都賦》外，張平子《南都賦》「亙望無涯」注、謝玄暉《敬亭山詩》「茲山亙百里」注、鮑明遠《樂府詩·東武吟》「密塗亙萬里」注引《方言》並同《西都賦》作「亙」。足為前胡以善作「亙」佐證矣。嘉德「末引『晉灼以恒為緪』，乃注『絙』字，蓋從晉說也」云云，惟字面有異，思維（依晉說而誤改）則襲前胡耳。從注釋邏輯言，依前胡校，則善注條理分明：首引如說，是明正文亙字讀音；次引《方言》，乃詳明亙字音、義（「古鄧切」是善音）；末引晉注，蓋言正文絙字之來歷。是善引三家注，各有司責，缺一不可，並無累贅。嘉德說則不然。竟以善引《方言》（「絙竟也」）為「轉釋（如注）『恒竟』之義」，此猶以乙釋甲，復由丙釋乙，未免輾轉曲說，不合注家常例也。

使存者顯號，亡者美謚

【陳校】

兩「者」字，並「有」字之誤。

【集說】

梁氏《旁證》曰：毛本兩「有」字，並誤作「者」。

【疏證】

諸《文選》本兩處咸作「有」。謹案：《漢書·敘傳》兩處作「有」，《冊府元龜》卷七百六十九同。毛本獨形近而誤，陳校當從《漢書》、尤本等正之。

夷險芟荒　　注：晉灼曰：發，開也。今諸本皆作芟字。

【陳校】

據晉灼注，「芟」，當作「發」。

【集說】

葉刻：何引少章云：「據晉灼注，正文中『芟』字，當作『發』。」

孫氏《考異》曰：何引少章云：「據晉灼注，正文中芟字，當作發。」許

（慶宗）云：「案：《說文》『芟』，作『炦』。『發』，乃『炦』之譌，與『芟』一字耳。」

顧按：此「炦」字也。《說文》引《春秋傳》：「炦夷蘊崇之。」

王氏《讀書志餘》曰：據晉灼注，則正文作「夷險發荒。」發者，炦之借字也。發、炦聲相近自注：《玉篇》：炦，匹葛、扶葛二切，故炦通作發。炦，亦夷也。《說文》：「炦，以足蹋夷草。」引《春秋傳》曰：「炦夷蘊崇之。」是也。諸本作「芟」，蓋即「炦」之誤。又案：晉灼注《漢書》而訓「發」為「開」，則《漢書・敘傳》亦必作「發荒」。今本《敘傳》作「芟」，蓋亦「炦」之誤。

梁氏《旁證》曰：許氏慶宗曰：「《說文》：芟，作炦」云云（下同孫氏《考異》）。

姚氏《筆記》曰：陳少章云云（下同葉刻）。

薛氏《疏證》曰：「發，開也」之「發」，當作「炦」。《說文》：「芟，刈艸也。從艸、殳」；「炦，以足蹋夷艸。從癶從殳。《春秋傳》曰：『炦夷蘊崇之。』」今本《左傳》「炦」作「芟」。蓋二者皆取義於除草者，有開通之意。晉灼注訓「發」為「開」，是也。後人多見「發」少見「炦」，故以意改之耳。

胡氏《箋證》曰：王氏念孫曰：「據晉灼注，則正文作『夷險發荒。』……是也。」

許氏《筆記》曰：案：《說文》：「炦，以足蹋夷艸。從癶從殳。《春秋傳》曰：『炦夷蘊崇之。普活切』；『芟，刈艸也。從艸從殳，所銜切。』」然今《左傳》作「芟」，或傳寫之誤，而義則可通。晉灼之「發」，當是「炦」字之譌。嘉德案：「炦」，音潑，與「芟」通。《韻會》云：「芟，亦作炦。」蓋義同也。段氏亦謂此注晉灼之「發」，是「炦」之誤。訂正。

黃氏《平點》曰：「夷險芟荒。」據晉注，「芟」改「發」。

【疏證】

諸《文選》本咸同。謹案：《藝文類聚》卷二十五、《冊府元龜》卷七百六十九、《海錄碎事》卷十上、《古今事文類聚》別集卷二十、今本《漢書》同。清儒以降，論晉灼注「發」之是非，可分為兩派：許慶宗、孫志祖、段玉裁、梁章鉅、薛傳均、許巽行（包括嘉德）、王筠為一派，以「晉灼之發，當是炦字之譌」。王念孫、朱駿聲、胡紹煐則以「發者，炦之借字也」。前者孫氏《考異》外，可以許氏《筆記》為代表。後者可以王念孫、朱駿聲為馬

首。朱氏《說文通訓定聲・泰部》「癹」云:「『以足蹋夷艸也。從癶從殳。』按:從茇省,會意,癶,亦聲。『《春秋傳》曰:癹夷蘊崇之。』今本作『芟』。《答賓戲》:『夷險發荒』,以『發』為之。」兩派說各有側重,究其實皆是,合之則雙美:「發」,是「癹」之假字,然晉灼之「發」,乃「癹」之譌,不當改「發」。「芟」,雖與「癹」通、又與「發」通(許慶宗以為一字),故亦不必改。綜上所述:李善注引晉灼,蓋備異聞,陳、何此校未免失檢矣。黃氏《平點》誤同。姚氏《筆記》引同葉刻,然一歸之陳少章。參拙著《何校集證》。

廓帝紘,恢皇綱　注:項岱曰:紘,張也。善曰:許慎《淮南子注》曰:紘,惟也。

【陳校】

注「紘,張也。」「紘」,「恢」誤。

【集說】

胡氏《考異》曰:注「紘,張也。」陳曰云云。是也,各本皆誤。

梁氏《旁證》曰:陳校「紘」改「恢」。各本皆誤。

【疏證】

奎本以下諸六臣合注本、尤本悉同。謹案:依善注例,一科段之注,舊注居善注上,然猶依所釋對象之先後為限。如本篇「是故,魯連飛一矢而蹶千金」注云:「魯連,已見上文。李奇曰:『蹶,蹋也。』」「魯連」六字為善注,「李奇」六字為舊注,善注反居舊注上,即因「魯連」在「蹶」之上也。復如「是以仲尼抗浮雲之志,孟軻養浩然之氣」注引《孔叢子》、《論語》釋「抗志」、「浮雲」,引《孟子》釋「浩然之氣」,皆為善注;又注「皓,白也,如天之氣皓然也哉。」則為引項岱舊注,亦以善注居舊注上。若循善注此例比照本條,今善注既注上句「紘」字,故居前之項氏舊注,決不當為下句「恢」字作注。可以斷定。復考應「張也」之義者,此科段中,並非惟「恢」字可當,而上句「廓」字,亦密合。考《方言》卷一「張小使大謂之廓」,《爾雅・釋詁上》:「廓,大也」,並是其驗。而「廓」字位在科段之首,項注固當居注「紘」之善注上也。毛本從尤、建二本等誠誤,陳校改作「恢」,亦未得其真諦焉。此無他,蓋陳氏泥於「恢張」一辭同義反復及未深究善注處理舊注義例之故

也。前胡、梁說，亦非是。

沐浴玄德　注：《史記》太公曰：沐浴膏澤。

【陳校】

　　注「太公曰」。「公」上脫「史」字。

【集說】

　　胡氏《考異》曰：注「《史記》太公曰。」陳曰云云。是也，各本皆脫。

　　梁氏《旁證》曰：陳校「公」上添「史」字。各本皆脫。

【疏證】

　　奎本以下諸六臣本、尤本悉脫。謹案：語見《史記‧樂書》，正有「史」字。本書《西都賦》「膏澤洽乎黎庶」注、左太沖《魏都賦》「沐浴福應」注、曹子建《求自試表》「沐浴聖澤」注引並有「史」字。毛本當誤從尤、建二本等，陳校當從本書內證、《史記》等正之。

懷汎濫而測深乎　注：《爾雅》曰：氿泉，穴出。穴出，仄出也。

【陳校】

　　注「亥出」。「亥」，「仄」誤。

【集說】

　　余氏《音義》：「亥出」。「亥」，何改「仄」。

　　顧按：「汎」，當作「氿」。

【疏證】

　　奎本以下諸六臣合注本、尤本悉作「仄」。謹案：語見《爾雅‧釋水》，字正作「仄」。《爾雅注疏》注：「從旁出也。」《音義》：「《詩》云：『有洌氿泉。』仄，菹棘反。本亦作側、汄，同。」疏：「李巡曰：『水從旁出，名曰氿。』氿，仄出，是『側出』曰『氿泉』也。《大東》云：『有洌氿泉』，是也。」毛本獨因形近而誤，陳、何當從《爾雅》、尤本等正之。顧按蓋謂據注，正文「汎」，當改「氿」。檢諸《文選》本咸作「氿」。善本作「氿」，注引《爾雅》已明，五臣亦作「氿」，翰注可證。此毛本獨因形近而譌，顧按是也。

衰周之凶人　注：項岱曰：周衰，王霸起，軼、斯說得行，故言衰周凶人也。

【陳校】

注「王霸」。「王」，「五」誤。

【疏證】

奎本、明州本、尤本、建本誤同。贛本獨作「五」。謹案：《唐開元占經·彗孛犯北極鈎陳》引「《春秋緯》」有「五霸起，帝主亡」之說，又《文苑英華》卷八百四十六陳兼《陳留郡文宣王廟堂碑》有「逮周德下衰王室卑，而五霸起」云云，並可為贛本作「五」佐證。毛本當誤從尤、建二本等，陳校當從贛本、上下文義正之。

齊甯激聲於康衢　注：《說苑》：陳子說梁王曰：甯戚飯牛康衢。

【陳校】

注「陳子說梁王」。「陳」，「鄒」誤。

【疏證】

奎本、贛本、尤本、建本誤同。明州本無「《說苑》」一節二十六字。謹案：事見《說苑·善說》，正作「鄒子說梁王」。本書鄒陽《獄中上書自明》（二條）、阮嗣宗《為鄭沖勸晉王牋》、李蕭遠《運命論》注皆見引《說苑》「鄒子說梁王」云，毛本從尤、建二本之誤，陳校當從《說苑》、本書內證等正之。此亦前胡漏录、漏校例。

陸子優游　注：《史記》：陸生乃祖述存亡之徵。

【陳校】

注「祖述存亡之（微）〔徵〕」。「祖」，「粗」誤。

【集說】

胡氏《考異》曰：注「陸生乃祖述存亡之徵。」陳曰云云。是也，各本皆譌。

梁氏《旁證》曰：陳校「祖」改「粗」。各本皆誤。

【疏證】

奎本以下諸六臣合注本、尤本悉誤。謹案：事見《史記·陸賈列傳》，正

作「粗」字，《資治通鑑・漢紀四・太祖高皇帝下》同。奎本因形近而誤，毛本當誤從尤本等，陳校當從上下文義、《史記》等正之。周鈔「徵」譌「微」，已正之。

揚雄談思　善曰：《漢書》曰：揚雄譚思渾天。

【陳校】

　　「揚雄談思」。「談」，「潭」誤。

【集說】

　　余氏《音義》曰：「師古曰」。何曰：「采顏注，恐後人妄解。」

　　孫氏《考異》曰：「談」，何校從《漢書》改「覃」。顏師古注：「覃，大也，深也。」

　　胡氏《考異》曰：「楊雄談思」。何校「譚」，改「覃」，陳云：「潭誤。」案：各本皆是「譚」字，善果何作，無以考也。《漢書》作「覃」。

　　梁氏《旁證》曰：《漢書》「譚」作「覃」。師古曰：「覃，大也，深也。」毛本「覃」作「談」。此注引《漢書》「揚雄譚思渾天」，今《漢書・楊雄傳》作「潭」。

　　胡氏《箋證》曰：「揚雄談思」。「談」，當作「譚」。注引《漢書》可證。《漢書》作「覃」，顏注：「覃，大也，深也。」「覃」與「譚」同。

　　許氏《筆記》曰：何改「覃思」。嘉德案：何改「覃」，從《漢書》也。師古《漢書注》曰：「覃，大也，深也。」

【疏證】

　　五臣正德本及陳本、奎本、明州本、建本、尤本並作「譚」。贛本並注作「覃」，同《漢書》。謹案：《冊府元龜》卷七百六十九、《玉海》卷五十四亦從《漢書》。「覃」，與「譚」實同。吳氏《別雅》卷二「譚思」：「潭思，覃思也。《書・孔安國序》：『研精覃思』釋文云：『覃，深也。』《樊敏碑》：『譚思舊制。』《隸釋》云：『以譚思為覃思。』《梁師亮墓誌銘》：『譚思』，漆書亦同。《漢書・揚雄傳》：『而大潭思渾天。』師古曰：『潭，深也。』潭思，亦覃思之意也。」古人俗寫，「言」旁多有作「氵」旁者，故覃、譚、潭三字實同。檢《五音集韻・覃韻》，談、炎、譚、覃，同韻，音徒甘切。《韓非子・孤憤》「學士不因，則養祿薄禮卑，故學士為之談也。」元・何犿注：「談者，謂為

—1597—

重人延譽。」《正字通‧言部》:「談,縱言也。」《集韻‧談韻》:「炎炎,美辯也。」「延譽」、「縱言」、「美辯」,揭明「談(炎)」有「長」義。即就《說文》多引「譚長」其人之姓與名之關係考察,亦可悟,「譚」有「長」義,長與譚(覃、潭)之「深」、「大」,義實近同也。是談(炎)與譚(覃)音義並同,故陳詩庭《讀說文證疑》云:「《說文》每引『譚長』說,而《言部》無『譚』字。案:談即譚字,古覃、炎字每相通。」「古覃、炎字相通」之說,非無根之談,然則,毛本作「談」,必別有所本。不得謂誤也。陳、何校當從善注、贛本、《漢書》等。諸家說,以前胡、梁氏二家為謹慎。

乃文乃質　善曰:《春秋元命苞》曰:一質一文,據天地之道。天質而也文。

【陳校】

　　注「天質而也文。」「也」,「地」誤。

【疏證】

　　奎本以下諸六臣合注本、尤本悉作「地」。謹案:班固《白虎通義‧封禪》云:「天質地文。質者據質,文者據文。」本書干令升《晉紀論晉武帝革命》「文質異時」注、陸士衡《五等論》「文質相濟」注引並作「地」。毛本獨因形近而誤,陳校當從本書內證、尤本等正之。

隨侯之珠藏於蚌蛤乎　善曰:《淮南子》曰:隨侯之珠。高誘曰:……後蛇於江中御大珠以報之。

【陳校】

　　注「御大珠」。「御」,「銜」誤。

【疏證】

　　奎本、明州本、贛本、尤本悉作「銜」。建本作「衘」。謹案:本書《西都賦》「隋侯明月」注、曹子建《與楊德祖書》「人人自謂握靈蛇之珠」注引高注悉作「銜」。陳校當從本書內證、尤本等。然「衘」,音「戶監切」,其義與「銜」同;又音「牛倨反」、「魚據反」,則為「御」之俗字,其意則為進獻、進貢之義參上《西京賦》「奉命當御」條,用在本條,義亦切當,故毛本用「御」非誤。建本作「衘」為俗字,毛本改讀則係用其正字。毛本實由建本啟發,本條益證

毛本與建本關係之深。

應龍潛於潢汙　注：服虔曰《左氏傳注》曰：蓄小水謂之潢。

【陳校】

　　注「服虔曰」。「曰」字衍。

【集說】

　　胡氏《考異》曰：注「服虔曰《左氏傳注》曰。」陳云：「虔下，衍曰字。」是也，各本皆衍。

　　梁氏《旁證》曰：陳校「虔」下去「曰」字。各本皆衍。

【疏證】

　　奎本以下諸六臣合注本、尤本悉衍「曰」字。謹案：服注，見《左傳・隱公三年》：「潢汙行潦之水，可薦於鬼神」孔疏引「服虔云：畜小水謂之潢，水不流謂之汙。」《隋書・經籍志一》有「《春秋左氏傳解誼》三十一卷。注：漢九江太守服虔注」。當即此「《左氏傳注》」。乃服氏自撰，並非援引他人之作，故上「曰」字必衍。毛本乃誤從尤、建二本等，服氏有關《左傳》著作多種，史家熟知，陳氏當無待披《隋書》而可正也。

超忽荒而躆昊蒼也　注：徐廣《史記》注：躆，與據同，謂之足戟持之。

【陳校】

　　注「謂之足戟持之。」上「之」，「以」誤、「戟」，「據」誤。

【集說】

　　胡氏《考異》曰：注「謂之足戟持之。」陳云：「上之，以誤。」是也，各本皆誤。

　　梁氏《旁證》曰：陳校上「之」字改「以」。各本皆誤。

【疏證】

　　奎本以下諸六臣合注本、尤本二處悉同。謹案：《漢書・敘傳》注：「師古曰：躆，以足據持也」，《冊府元龜》卷七百六十九引同。毛本從尤、建二本等，陳校當從《漢書》。然毛及諸本所誤，衹在「之」字，陳校正之，是；而「戟」字，則未誤。戟、撠、挶、躆、據五字並音近義同。《漢書・揚雄傳》：「則不能撠膠葛」顏注：「撠，挶也。撠，音戟。挶音居足反。韋昭曰：『撠，音據略反。

《字林》：撖，搁也。搁，撖持也。撖音戟。』《洪武正韻》：「戟、撖：躆搁也，持也。《詩傳》作『戟搁。』《揚雄傳》『撖膠葛』亦作撖，又作躆，又『以足據持也』，班固《答賓戲》『應龍超荒忽而躆顥蒼。』合上徐廣《史記》注，並是其證。又，但觀前胡祗言「之」誤，不及「戟」字，亦思過半矣。

離婁眇目於毫分 注：善曰：《繹子》：董無心曰：離婁之目，察秋毫之末於百步之外。

【陳校】

注「《繹子》」。「繹」，「墨」誤。

【疏證】

奎本、明州本、尤本、建本誤同。贛本作「墨」。謹案：《說文通訓定聲·頤部》：「墨，叚借為繹。」本書《解嘲》「徽以糾墨」注：「(《說文》)又曰：『墨，索也。』」今本《說文·系部》：作「繹，索也。」皆可證「墨」與「繹」通也。陳校非。

秋風辭一首　漢武帝

懷佳人兮不能忘

【陳校】

後村謂指公卿侍從者言，其說良是。亦本呂延濟注也。

【集說】

《讀書記》曰：《湛淵靜語》云：武帝祠后土者六，五幸河東，一幸高里。幸河東皆在三月，獨始立祠睢上，乃元鼎四年十一月也。以詞中物色考之。曰「木落雁南」，蓋其時尚循秦舊，以亥為正十一月，即夏正九月。詞作于此時無疑。時方有事于五嶽四夷，而文中子以為樂極哀來，乃悔心之萌，何也？《史記》、《漢書·藝文志》皆不載。呂延濟注：「佳人謂群臣也」。

姚氏《筆記》曰：何云「《湛淵靜語》曰：《武帝紀》：祠后土者六」至「皆不載。」中「武帝」下有「紀」字、「九月」作「八月」，刪去何引五臣說。餘同《讀書記》。

許氏《筆記》曰：嘉德案：何氏《讀書記》曰「《湛淵靜語》」云云。

【疏證】

謹案：五臣濟曰：「佳人，謂羣臣也。」此陳、何援五臣及前人說，釋《辭》大意耳。

少壯幾時兮奈老何　注：《古長歌行》曰：少壯不努力。

【陳校】

「少壯［幾］時」。注「努」，「努」誤。

【疏證】

奎本以下諸六臣本、尤本悉作「努」。謹案：《長歌行》載在本書，正作「努」字，《樂府詩集》卷三十同。《藝文類聚》卷四十二同，題亦作《古長歌行》。然「努」亦可用作「努」。《正字通・弓部》：「努，努力。即借努。今別作努。」《太平御覽》卷八百四十八「（《北齊書》）於是每問王疾，謂曰：努力強食」，《資治通鑑・漢紀・世祖光武皇帝上之下》「賊兵盛，出必兩敗，努力而已。」並是其證。此毛本求異好古，陳校當從本書內證、尤本等，然亦不必改焉。周鈔「壯」下脫「時」字，已補足。

歸去來一首　陶淵明

樂琴書以消憂　注：劉歆《遂初賦》曰：玩琴書以滌暢。

【陳校】

注「滌暢」。「滌」，「條」誤。

【集說】

胡氏《考異》曰：注「玩琴書以滌暢。」陳曰云云。是也，各本皆誤。

【疏證】

奎本以下諸六臣本、尤本誤悉同。謹案：本書何敬祖《贈張華》「逍遙綜琴書」注、陶淵明《始作鎮軍參軍經曲阿作》「委懷在琴書」注引劉賦並作「條」。陳校當從本書內證改，然《說文通訓定聲・孚部》云：「條，叚借為滌。」「滌暢」與「條暢」同，通暢也。王符《潛夫論・交際》：「德政加於民，則多滌暢姣好，堅彊考壽。」然則，陳校不改亦得。此亦毛本好用通借字之證。

曷不委心任去留　注：《琴賦》曰：委性命兮任去留

【陳校】

「曷不委心」。「委」，「委」誤。

【疏證】

諸《文選》本悉作「委」。謹案：五臣作「委」，良注可證。《晉書》本傳、《藝文類聚》卷三十六、《古今事文類聚》別集卷二十五引、《古今合璧事類》備要續集卷四十七「淵明歸來辭」注引亦作「委」。毛本傳寫獨因音近而誤，陳校當從《晉書》、善注、尤本等正之。

毛詩序一首　卜子夏　鄭氏箋

哀窈窕　注：哀，蓋字之誤也。哀，當為衷，謂中心念恕之也。

【陳校】

「哀窈窕。」陸氏《釋文》云：「先儒並如字。《論語》曰：『哀而不傷。』是也。鄭氏改作衷。」又注：「中心念恕之也」。按：《釋文》云「一作念」，則「念」下，不當有「恕」字。

【集說】

胡氏《考異》曰：注「謂中心念恕之也。」陳云：「案《釋文》云：『恕，本又作念』，則念下，不當複有『恕』字。」是也，各本皆衍。案：此蓋或校「念」為「恕」，因誤兩存耳。

梁氏《旁證》曰：今《箋》「恕」上脫「念」字。《正義》云：「鄭以哀為衷，言后妃衷心念恕在窈窕幽閒之善女。」又云：「衷與忠，字異而義同。於文中心為忠，如心為恕，故云恕之。」《釋文》云：「恕，本又作念」。陳校「按《釋文》，念下不當有恕字」，則亦未審讀《箋》、《疏》耳。

徐氏《規李》曰：陸德明《經典釋文》等書並言先儒以「哀」為如字讀，改「哀」為「衷」，應自鄭氏始。

許氏《筆記》曰：「哀窈窕」之「哀」。《釋文》云：「前儒並如字。《論語》：『哀而不傷。』是也。鄭氏改作衷。」嘉德案：楊升庵云：「《文選》呂向注云：『哀，蓋字之誤也。哀當為衷，謂中心念恕之也。』余舊疑哀字之難解，見呂說乃豁然矣。」張曰：「改哀為衷，乃鄭說《箋》也，《選》注襲之。升庵

直以為呂解，豈未見注疏耶？」又鄭注《論語》云：「哀世夫婦不得此人，不為減傷其愛。」此哀字之所本。是仍以哀為義也。又《鄭志》「（劄）〔答〕劉（捄）〔琰〕云：『《論語注》人間行久，義或宜然，故不復定以遺後說。」是哀與衷，鄭義固兩兼也。嘉德又案：茶陵及汲古各本注云「哀，蓋字之誤也。哀，當為衷」云云，皆善注，亦非五臣向注，李蓋亦從鄭說耳。又注「中心念恕之也」。「恕」字衍。陳云：「《釋文》云：『恕，本又作念』，則念下不當復有恕字。」是也。胡云：「此蓋校『念』為『恕』，因誤兩存耳。」

【疏證】

奎本以下諸六臣合注本、尤本悉同。謹案：陳氏論善取鄭《箋》為注之不當，兼及校勘。祝氏《訂譌》以善注「未允」。《訂譌》曰：「上文云：『憂在進賢，不淫其色。』又按：《魯詩》云：『后夫人雞鳴，佩玉，去君所。周康王后不然，故詩人嘆而傷之。《後漢書・皇后紀序》亦云：『康王晏朝，《關雎》作諷』，則哀字不誤可知。」《文選學論文集》第191頁。祝說可為陳校佐證。又，今本《毛詩注疏・周南・關雎序》鄭《箋》「恕」上無「念」字。《旁證》說是。按《釋文》，意謂「一作念念」，「念恕」，即「念念」耳。陳校偶疏，不知今本鄭《箋》無「恕」，乃係脫文爾。前胡錄陳校「不當有恕字」，「不當」下補「複」字，使之語意顯豁，然其失誤與陳同。《旁證》類多因襲前胡，如此校，則有出藍之勝，惜神龍一見耳。嘉德引《鄭志》卷上，「答劉琰」譌作「劄劉捄」，已隨文更正。又引鄭注《論語》「減傷其愛」下原文有「《詩箋》以哀為衷，此以哀為義」二句，故嘉德有「此哀字之所本。是仍以哀為義也」之說。

尚書序一首　孔安國

足以垂世教

【陳校】

「世」下脫「立」字。

【集說】

孫氏《考異》曰：何校「世」下增「立」字。

梁氏《旁證》曰：毛本脫「立」字。

許氏《筆記》曰：「世」下，何加「立」字。嘉德案：六臣茶陵本有「立」字。

【疏證】

諸《文選》本皆有「立」字。謹案：《尚書注疏·尚書序》正有「立」字，《記纂淵海》卷七十三、《文獻通考》卷一百七十四引、《北堂書鈔》卷九十五「垂世立教」注引，並同。毛本傳寫偶脫，陳、何校當據《尚書序》、尤本等補之。

示人以軌範也

【陳校】

「人」下脫「主」字。

【集說】

梁氏《旁證》曰：「示人主以軌範也。」毛本脫「主」字。

【疏證】

諸《文選》悉有「主」字。謹案：《尚書注疏·尚書序》正有「主」字，《北堂書鈔》卷九十五「恢弘至道」注、《初學記》卷二十一「王制」注引同。毛本傳寫偶脫，陳校當從贛、尤二本、《尚書序》等補之。

三都賦序一首　皇甫士安

皇甫士安　注：臧榮緒《晉書》曰：皇甫謐，字士安，安定朝郡人。

【陳校】

注「朝郡」。「郡」，「那」誤。

【集說】

余氏《音義》曰：「朝郡」。六臣同。案：「郡」，當作「那」。

許氏《筆記》曰：注「安定朝郡人。」「郡」，當作「那」。嘉德案：各本皆誤「郡」，今正。

【疏證】

贛本、尤本悉作「那」。奎本、明州本省作「善注同（良注）」，而良注無

「朝郡（那）」字。建本改良注為善注，脫同。謹案：《晉書》本傳正作「那」。《冊府元龜》卷七百七十八、卷八百九十七並同。毛本傳寫形近而誤，陳校當從《晉書》、尤本等正之。

馬融廣成　注：范曄《後漢書》曰：融上《廣成誦》以諷諫。

【陳校】

注「上《廣成誦》」。「誦」，「頌」誤。

【疏證】

奎本以下諸六臣合注本、尤本悉作「頌」。謹案：事見《後漢書·馬融傳》，正作「頌」，《太平御覽》卷二百三十四、《冊府元龜》卷五百二十三、卷九百十五引、《翰苑新書·祕書省》「博通經籍」注引並同。毛本獨因音近而誤，陳校當從《後漢書》、尤本等正之。

險阻瓌珂　注：《埤蒼》曰：瓌瑋珍琦也。

【陳校】

「珂」，「琦」誤。

【疏證】

諸《文選》本咸作「琦」。謹案：五臣作「琦」，良注可證。《玉篇·玉部》「瑋」引「《埤蒼》曰：瑰瑋珍琦。」本書《西都賦》「因瓌材而究奇」注、孫興公《遊天台山賦》「窮山海之瓌富」注引作「琦」。毛本獨傳寫誤，陳校當從《玉篇》、本書內證、尤本等正之。

既以著逆順　注：《漢書》曰：甚誘逆之理。

【陳校】

注「誘逆」。「誘」，「誖」誤。又「逆」下，脫「順」字。

【集說】

胡氏《考異》曰：「甚誘逆之理。」陳曰云云。是也，各本皆誤。

梁氏《旁證》曰：陳校注中「誘」改「誖」、「逆」下添「順」字。

許氏《筆記》曰：注「甚誘逆之理。」當作「甚誖逆順之理。」嘉德案：陳校與此同。是也。各本皆誤。

【疏證】

　　奎本、明州本、尤本、建本誤同。贛本作「著順逆」，亦誤。謹案：語見《漢書・翟方進傳》，正作「甚誖逆順之理」，《前漢紀・孝成紀》、《通志・翟方進傳》、《冊府元龜》卷五百十四、《玉海》卷一百二十引並同。本書陳孔璋《檄吳將校部曲文》「逆順之分，不得不然」注引《漢書》「涓勳曰：甚誖逆順之（禮）［理］。」毛本當誤從尤、建二本等，陳校當從本書內證、《漢書》等正之。嘉德案實出前胡，「是也。各本皆誤」，本係前胡肯定陳校語，今則為嘉德語矣。反令人生疑，乃祖本校或亦出嘉德手耳。

計植物之眾寡　　注：《周禮》又曰：植物宜早。

【陳校】

　　注「植物宜早。」「早」，「皁」誤。

【疏證】

　　奎本以下諸六臣合注本、尤本悉作「皁」。謹案：《周禮》見《地官・大司徒》：「其植物宜早物」鄭注引鄭司農云：「早物，柞栗之屬。今世間謂柞實為皁斗。」《釋文》云：「早，音皁。本或作皁。注同。」《說文・艸部》：「草。草斗，櫟實也。從艸早聲。自保切。臣鉉等曰：今俗以此為艸木之艸，別作皁字為黑色之皁。案：櫟實可以染帛為黑色，故曰草。通用為草棧字，今俗書皁或從白從十；或從白從七。」據《說文》及上引《釋文》，則「皁」、「早」字同。《太平御覽》卷三十六、《玉海》卷一百七十六引、《玉篇・地部》「地」引並作「皁」。本書張平子《西京賦》「植物斯生」注作「皁」。毛本作「早」，不誤。陳校當從本書內證、《周禮》、尤本等，然不必改也。

思歸引序一首　　石季倫

【陳校】

　　「高情千古《閒居賦》，誰信安仁拜路塵？」讀季倫斯《序》，亦同此嘆。

【疏證】

　　「高情」二句，乃元好問《遺山集・論詩三十首》詩。此陳氏以《選》論人而興嘆。雖事校勘，亦復見其為人性情也。

余少有大志，夸邁流俗　注：臧榮緒《晉書》曰：崇早有志慧。

【陳校】

　　注「早有志慧」。「志」，「智」誤。

【集說】

　　余氏《音義》曰：「志慧」，「志」，何改「智」。

【疏證】

　　奎本以下諸六臣合注本、尤本悉作「智」。謹案：本書石季倫《王明君辭》作者下注作「智」。毛本因音近復涉正文而誤，陳、何校當從本書內證、尤本等正之。

篤好林藪　注：魏太祖《登喬玄文》曰

【陳校】

　　注「登喬玄」。「登」，「祭」誤。

【疏證】

　　奎本以下諸六臣本、尤本悉作「祭」。謹案：事見《後漢書‧喬玄傳》，作：「操常感其知已。及後，經過玄墓，輒悽愴致祭奠，自為其文曰」云云。《藝文類聚》卷三十八作「魏武帝《祠太尉喬玄墓文》曰。」似至《文選》善注，始逕作「祭文」，《古今事文類聚‧前集》卷五十五同。本書潘安仁《寡婦賦》「心存兮目想」注、潘安仁《悼亡詩（曜靈）》「儀容永潛翳」注、王簡栖《頭陀寺碑义》「高軌難追」注、謝惠連《祭占蒙文》「幽靈琴霏」注引並作「魏太祖祭橋玄文。」「橋」，與「喬」同。登字，毛本獨因形近而誤，陳校當從本書內證、尤本等正之。

頗有秦趙之聲　注：班固《漢書》：楊惲《報孫會宗書》曰：婦，趙女也。雅善鼓琴。

【陳校】

　　注「雅善鼓琴。」「琴」，「瑟」誤。

【疏證】

　　贛本誤同。奎本、明州本、尤本、建本作「瑟」。謹案：瑟，戰國時，流

行於趙，因稱「趙瑟」。《史記・藺相如傳》有趙王鼓瑟故事。「琴」字必誤。楊《書》亦載在本書，誤與此同。《漢書・楊惲傳》，則作「瑟」，《藝文類聚》卷二十六、《太平御覽》卷三百六十六、卷五百二十、《北堂書鈔》卷一百九、《白孔六帖》卷六十二引《漢書》並同。毛本似誤從贛本及本書楊《書》，陳校當從《漢書》、尤本等正之。

出則以遊目弋釣為事　注：《楚辭》曰：或反顧以遊目。

【陳校】

　　注「或反顧」。「或」，「忽」誤。

【疏證】

　　贛本誤同。奎本、明州本、尤本、建本作「忽」。謹案：語見《楚辭章句・離騷》，正作「忽」，逸注云：「故忽然反顧而去。」亦載在本書，並注同《章句》。本書揚子雲《甘泉賦》「行遊目乎三危」注引亦作「忽」。毛本或誤從贛本，陳校當從《章句》、本書內證、尤本等正之。

憪然有凌雲之操　注：《漢書》曰：司馬相如既奏《大人賦》，天子曰，飄飄有凌雲之氣。

【陳校】

　　注「天子曰。」「曰」，當作「大悅」。

【疏證】

　　奎本以下諸六臣合注本、尤本誤悉同。謹案：語見《漢書・司馬相如傳》正作「大說」，注：「師古曰：『說，讀曰悅。』」《史記》、《通志・司馬相如傳》引、《記纂淵海》卷二引《史記》並同。毛本誤從尤、建二本等，陳校當從《史》、《漢》正之。

文選卷四十六

豪士賦序一首　　陸士衡

孟嘗遭雍門而泣，琴之感以末。

【陳校】

「琴之感」。「琴」上脫「而」字。

【疏證】

明州本、贛本、建本脫同。奎本、尤本有「而」字。謹案：《藝文類聚》卷二十四有「琴」字。《晉書》本傳有「而」字。但上兩句為「落葉俟微風以隕，而風之力蓋寡」，可知本兩句，「琴」上須有「而」字，始與上兩句相偶。明州本首因涉上「而泣」之「而」字誤刪，贛本以下不能正，毛本踵之。陳校當從《晉書》、上下文義、尤本等補之。

不足繁哀響也

【陳校】

「繁」，《晉書》作「煩」，為是。

【集說】

孫氏《考異》曰：「繁」，《晉書》作「煩」。

胡氏《考異》曰：「不足繁哀響也。」何校「繁」，改「煩」。云：「《晉書》

作煩。」陳云：「作煩為是。」案：「繁」，與「煩」，音義甚近，或善自與《晉書》有異也。

梁氏《旁證》曰：何校「繁」，改「煩」。陳同。據《晉書》也。

【疏證】

諸《文選》本咸同。謹案：《通志·陸機傳》同《晉書》。《藝文類聚》卷二十四作「繁」。考《釋名·釋言語》：「煩，繁也。」是「繁」與「煩」「音義甚近」之證。前胡說是也。毛本當從尤、建二本等。陳校亦無煩改也。

物之相物　注：《文子》曰：我亦物也，而物亦物也。物之為我也，有何以相物也。

【陳校】

注「物之為我」。「為」，「與」誤。

【集說】

余氏《音義》曰：「物之為」。六臣「為」作「與」。

【疏證】

奎本以下諸六臣本、尤本悉作「與」。謹案：今本《文子》亦作「與」字。《淮南子·精神訓》略同，作「物之與物也，有何以相物也」，可視為作「與」之借證。毛本獨傳寫而誤，陳校當從《文子》、尤本等正之。

而時有衸服荷戟，立於廟門之下　注：《漢書》曰：先歐旄頭劍挺墮地，首垂泥土中，刃響乘輿車，馬驚。於是，召梁丘賀筮之。有兵謀，不吉。上還，使是時霍氏外孫代郡太守任宣，坐謀反誅。

【陳校】

注「先歐」。「歐」，「毆」誤。「首垂泥土中」，「土」字衍。「刃響」。「響」，「鄉」誤。「使是時」，「使」字衍。

【集說】

余氏《音義》曰：「泥土」、「響乘」、「還使」，何去「土」字、「響」改「鄉」、「使」下有「有司行事」四字。

胡氏《考異》曰：注「首垂泥土中，刃響乘輿。」何校去「土」字，「響」改「鄉」。陳同，是也，各本皆誤。

姚氏《筆記》曰：「使」下，有「有司侍祠」四字。

【疏證】

奎本、贛本、尤本、建本同。明州本祇云「餘見翰注」，而其翰注並無上述《漢書》注一節相關內容。謹案：毛本當誤從尤本等，陳、何此校蓋大抵從顏注《漢書·梁丘賀傳》。今覈此《傳》作：「先毆旐頭劍挺墮墬，首垂泥中。刃鄉乘輿車，馬驚。……上還，使有司侍祠。」「車」下，師古曰：「鄉讀曰嚮。」「墮」下有「墬」字，師古曰：「墬，古地字。」「垂」下，有宋祁校曰：「垂字當作甿字。」《太平御覽》卷五百二十五從《漢書》，「墮」下有「墬」字，「垂」作「插」，「嚮」作「向」，「使」下作「有司侍祠」，亦是。「墮」下「墬」字，善注直接作「地」，蓋善所見《漢書》與顏注不同。「垂」當作「甿」，此蓋形近而誤，陳、何校不察，失之。「使」下，蓋脫「有司侍祠」四字，陳氏不覈《漢書》，反以「使」為羨，亦疏矣。姚氏糾之，是也。

且夫政由寧氏 注：《左氏傳》曰：衛獻公使與寧喜言曰：可反國，政由寧氏。

【陳校】

注「可反國」。「可」，「苟」誤。

【疏證】

奎本以下諸六臣合注本、尤本悉作「苟」。謹案：事見《春秋左傳注疏·襄公二十六年》，正作「苟」字。《冊府元龜》卷七百五十作「苟反」，無「國」字。毛本傳寫獨因形近而誤，陳校當從《左傳》、尤本等正之。

高平師師 注：《漢書》曰：魏相，字弱翁，遷御史。

【陳校】

注「遷御史」下，脫「大夫」二字。

【集說】

胡氏《考異》曰：注「遷御史。」陳曰云云。是也，各本皆脫。

【疏證】

奎本以下諸六臣本、尤本悉有「大夫」二字。謹案：事見《漢書·魏相傳》云：「宣帝即位，徵相入為大司農，遷御史大夫」，正有「大夫」二字，《通

志‧魏相傳》、《冊府元龜》卷一百同。毛本傳寫偶脫，陳校當從《漢書》、尤本等正之。

光於四表　注：《尚書》曰：光被四表。

【陳校】

　　注「光被四表」。此當引《書》「唯公德明，光於上下，勤施於四方」尤切。

【疏證】

　　奎本以下諸六臣合注本、尤本悉同。謹案：此亦論善注之不足。本書陸士衡《弔魏武帝文》「光于四表者」注引同。陳校祇可備異聞。

登帝天位　注：《漢書》：霍光上奏曰：太宗亡嗣，孝武皇帝曾孫病已，可以嗣孝昭皇帝。太后詔尚書伊尹曰。

【陳校】

　　注「太后詔」下，脫「可」字。

【疏證】

　　奎本以下諸六臣合注本、尤本悉有「可」字。謹案：事見《漢書‧霍光傳》，「詔」下有「曰可」字，《通志‧霍光傳》、《資治通鑑‧漢紀十六‧孝昭皇帝下》同。但觀上下文，若無「曰可」或「可」字，則語未竟，亦可為當有此二字之佐證。毛本獨傳寫偶脫，陳校當從《漢書》、上下文義等補之。

文子懷忠敬而齒劍　注：《史記》曰：越王乃賜種劍，曰：子教寡人代吳七術。

【陳校】

　　注「代吳七術」。「代」，「伐」誤。

【疏證】

　　奎本以下諸六臣本、尤本悉作「伐」字。謹案：事見《史記‧越王勾踐世家》，正作「伐」。字，《通志‧越（世家）》同。毛本獨因形近傳寫而誤，陳校《史記》、尤本等正之。

則申宮警守　注：《左氏傳》曰：申宮警備，設守而後行。杜預曰：申整宮備者也。

【陳校】

　　注「申整宮備者也。」「者」字，衍。

【疏證】

　　《集注》本、奎本以下諸六臣合注本、尤本悉無「者」。謹案：事見《春秋左傳注疏・成公十六年》，杜注作「申勅宮備」，亦無「者」字。「勅」與「整」義同。善所見本當與今本不同耳。毛本傳寫誤衍，陳校當從《左傳》、尤本等刪之。

蓋謂此也

【陳校】

　　「謂」，「為」誤。

【集說】

　　孫氏《考異》曰：「謂」，《晉書》作「為」。

　　許氏《筆記》曰：何改「為」。嘉德案：《晉書》作「為」，何改從《晉書》也。茶陵本亦作「為」。

【疏證】

　　諸《文選》本皆作「為」。謹案：「謂」、「為」本通，然五臣正德本及陳本、六臣合注本濟注云：「蓋謂此也者，謂顛仆禍酷之事。」是五臣原作「謂」字。既善與五臣有別，自當分辨。毛本乃以五臣亂善，陳、何校當從《晉書》、尤本等正之，是也。

三月三日曲水詩序一首　　顏延年

題下注：《韓詩》曰：三月桃花水之時，鄭國之俗：三月上巳，於溱洧兩水之上，執蘭招魂，祓除不祥也。《續齊諧記》曰：晉武帝問尚書摯虞曰。三月曲水

【陳校】

　　注「《韓詩》」下有脫字。又「問尚書」下，脫「郎」字。

【集說】

顧按：「《韓詩》」下，此非脫。

胡氏《考異》曰：注「晉武帝問尚書摯虞曰。」陳云：「書下脫郎字。」是也，各本皆脫。《藝文類聚》、《初學記》引有。

梁氏《旁證》曰：陳校「書」下添「郎」字。

【疏證】

奎本以下諸六臣合注本、尤本二處悉同。《集注》作「《韓詩》云」、「書」下作「尚書□空脫一字郎」。謹案：先說關於「韓詩」。與善注內容大體類似者，今檢類書《藝文類聚》有二條；卷四條作「《韓詩》」、卷七十九條作「《韓詩外傳》」。《太平御覽》有四條：卷十八作「《韓詩章句》」、卷五十九及卷八百八十六條作「《外傳》」、卷九百八十三作「《韓詩》」。兩書凡六條，卻有三種稱呼。李善採用者究屬何種？《外傳》首可排除。原因是：相關內容未見今本《外傳》。此其一。其二，上引類書稱「《外傳》」者，不合《外傳》一書體例。明人王世貞《弇州四部稿·讀韓詩外傳》有總結云：「《韓詩外傳》大抵引《詩》以證事，而非引事以明《詩》。」「引《詩》以證事」一語，揭橥了《外傳》之體例，故清四庫館臣稱「其說至確」。二語合觀，則釐清了韓嬰一家所著《外傳》與《內傳》兩書之別，亦是道破了《外傳》與薛君《章句》（《韓詩章句》）之界限。由此體例可以引申《外傳》之外在形式，便是：先說事，後引《詩》句。持上述認識以觀照《類聚》卷七十九、《御覽》卷五十九及八百八十六冠名「《外傳》」之三條，形式與內涵，都明顯違背「引《詩》以證事」之體例。三條首句都為「溱與洧」。此三字，其實乃《類聚》編者援引《韓詩》篇名（或首句）之縮語（與《毛詩》以「溱洧」二字為題同例，惟欲區別於《毛詩》而取三字爾）。例同引《詩》，乃係引《詩》居事前，與《外傳》形式相近。至於內涵之悖迕，則以《御覽》卷八百八十六條最顯著。三字下有「說人也鄭國之俗：三月上巳之日」云云。「說人也」三字，容余別撰文討論，姑且不論。但觀「鄭國之俗」云云，便知此乃注者釋辭爾。然則，《外傳》足可排除，剩下者祇是「《韓詩》」與「《韓詩章句》」二者矣。此則須考內證，檢善注如何處理《韓詩》及其注釋（章句），有無義例？考本書班孟堅《兩都賦》凡八處引有《韓詩》及薛君注，排比歸納，便略可見端倪。其「奚斯頌魯」注：「《韓詩·魯頌》曰：『新廟奕奕，奚斯所作。』薛君曰：『奚斯，魯公子也。言其新廟奕奕然盛。是詩公子奚斯所作也。』」「幽

林穹谷」注:「《韓詩》曰:『皎皎白駒,在彼空谷。』薛君曰:『穹谷,深谷也』」;「周阿而生」注:「《韓詩》曰:『曲景曰阿』」;「厲天鳥羣」注:「《韓詩》曰:『翰飛厲天。』薛君曰:『厲,附也』」;「豐圉草以毓獸」注:「《韓詩》曰:『東有圉草。』薛君曰:『圉,博也。有博大茂草也』」;「登降飫宴之禮既畢」注:「薛君《韓詩章句》曰:『飲酒之禮,下跪而上坐者,謂之宴』」;「百穀蓁蓁」注:「《韓詩》曰:『帥時農夫,播厥百穀。』薛君曰:『穀類非一,故言百也』;又曰:『蓁蓁者莪。』薛君曰:『蓁蓁,盛貌也』」。其中,「周阿」句有傳無詩,冠「《韓詩》」、「登降」句有傳無詩,冠「薛君《韓詩章句》」外,其餘六處詩傳兼引,並分冠「《韓詩》曰」、「薛君曰」。由此,可歸納善注有例:凡引《韓詩》,若兼引詩、傳,則分冠主名「韓詩」、「薛君」;若祇有薛傳而無詩,則可任用六字繁稱與二字簡稱。其間,並無上下軒輊。以之檢驗下卷張平子《西京賦》「幹非其議」(善曰:「薛君《韓詩章句》曰:『幹,正也。謂以其議非而正之』」)等六條,亦歷試不爽。本條善注本取傳無詩,蓋用簡稱,故陳氏以「韓詩下,有脫字」說,非;顧按「韓詩下,此非脫」為是,然亦語焉未詳。次說關於「郎」字。《藝文類聚》卷四、《太平御覽》卷三十引《續齊諧記》,「書」下並有「郎」字,《古今事文類聚前集》卷八、《北堂書鈔》卷一百五十五「水心劍」注同。此或亦陳校所據。毛本當誤從尤、建二本等。據《集注》本,則「書」下「郎」上尚有一字。

有宋函夏 注:《漢書》:服虔曰:函夏,諸夏曰。

【陳校】

注「服虔」下,脫「注」字。「諸夏曰。」「曰」,「也」誤。

【疏證】

奎本以下諸六臣合注本、尤本悉脫「注」字、作「也」。《集注》本作「服虔曰:『函諸夏也。』」謹案:語見《漢書·揚雄傳》,作「以函夏之大」注:「服虔曰:』函夏,函諸夏也。』」然則,後人引用,自當加「注」字。本書顏延年《赭白馬賦》「知函夏之充物」注引亦漏加「注」字、作「也」。毛本脫「注」字,當從尤、建二本等,末作「曰」,則涉上而誤也。又,依《漢書》,「諸」上尚當有「函」字,陳校亦脫。

景屬宸居　注：景，光景連屬也。

【陳校】

注「光景連屬」。「光」上有脫文。

【集說】

胡氏《考異》曰：注「景，光景連屬也。」陳曰云云。案：當有「屬」字也，各本皆脫。

梁氏《旁證》同胡氏《考異》。

【疏證】

奎本、尤本同。明州本、贛本、建本並「光」上「景」字並脫。《集注》本「光」上有「屬」字。謹案：毛本當誤從尤本，陳校疑之，而不能補。前胡蓋從正文及注上下文義校補，而與《集注》本竟契合。既彰《集注》本之可寶，亦見前胡校之精審。

四隩來暨　注：《尚書》曰：九州攸同，四隩既澤。

【陳校】

注「既澤」。「澤」，「宅」誤。

【集說】

梁氏《旁證》曰：六臣本「澤」作「宅」，是也。

【疏證】

尤本誤同。奎本以下諸六臣本作「宅」。《集注》本此字漫漶。謹案：《尚書注疏・禹貢》正作「宅」，《通志・夏紀》同。本書顏延年《赭白馬賦》「四隩入貢」注、孫子荊《為石仲容與孫皓書》「固知四隩之攸同」注、陸佐公《石闕銘》「四隩奉圖」注引並作「宅」。毛本獨因音近而誤，陳校當從贛本、《尚書》、本書內證等正之。

則宅之於茂典　注：《左氏傳》曰：擇楚國之令典。

【陳校】

「則宅」之「宅」，「擇」誤。

【集說】

孫氏《考異》曰：何校「宅」，改「擇」。

胡氏《考異》曰：「則宅之於茂典。」袁本、茶陵本「宅」作「擇」，是也。

梁氏《旁證》曰：尤本「擇」，誤作「宅」，何校改。

胡氏《箋證》曰：《旁證》曰「擇，誤作宅」云云。紹煐按：何據注引《左傳》「擇楚國之令典」，故改為「擇」。然《古論語》「擇不處仁」，張平子作「宅」，《釋名》：「宅，擇也。」此注當有「擇與宅，古字通」，今或脫去。

許氏《筆記》曰：「宅」，何改「擇」，依注。嘉德案：六臣袁、茶二本作「擇」，不誤。

【疏證】

尤本同，其餘諸《文選》本皆作「擇」。《集注》本正文漫漶，注亦作「擇」。謹案：後胡《箋證》說是。《釋名》見《釋宮室》：「宅，擇也。擇吉處而營之。」《說文通訓定聲·豫部》歸之於「聲訓」，是「宅」與「擇」，音同義通之證。此陳、何欠精音韻之失。孫、梁、嘉德不能正。毛本蓋從尤本，尤本必有所出。

施命發號 注：《尚書》：武王曰：發號施令，罔有不臧。

【陳校】

注「武王曰」。「武」，「穆」誤。

【集說】

梁氏《旁證》曰：六臣本「武」作「穆」，是也。

【疏證】

奎本、尤本誤同。《集注》本、明州本、贛本、建本作「穆」。謹案：《尚書注疏·冏命》正作「穆王」。孫氏《職官分紀》卷十九：「《尚書·冏命：曰：穆王命伯冏為太僕正，作《冏命》曰：昔在文武，聰明齊聖」，正作「穆王」。但觀上已有「昔在文武」二句云云，則足可判作「武王」之非矣。毛本當誤從尤本，陳校當從贛本、《尚書》等正之。

諭德於外　注：《風俗通》曰：周秦常以八月輶軒使采異代方言。《辯亡論》曰：輶軒騁於南荒。

【陳校】

注當引《詩》傳：「喻德宣譽曰奔奏」。

【疏證】

奎本以下諸六臣本、尤本悉同。謹案：「《詩》傳」，見《毛詩・大雅・縣》「予曰有奔奏」毛《傳》。此善注惟釋上「輶車朱軒，懷荒振遠之使」，而疏於解「諭德」，陳校補之，是也。

將徙縣中字　注：言將徙都洛邑。

【陳校】

「字」，「宇」誤。

【疏證】

《集注》本、諸《文選》本咸作「宇」。謹案：五臣作「宇」，濟注可證。但觀善注及五臣濟曰：「縣，都也。中宇，中國也」，可知「字」當「宇」之誤。毛本獨因形近而誤，陳校當從贛、尤二本、上下文義、善與五臣注等正之。

以望屬車之塵者久矣　注：司馬相如《諫獵》曰：犯屬車之清塵。翰曰：天子行有屬車三十六乘，以從於後也。

【陳校】

注「翰曰」下，衍。

【集說】

許氏《筆記》：嘉德案：注末「翰曰：天子行有屬車……」十七字，此沿五臣本而未刪者，今依六臣善注補正。

【疏證】

尤本無此「翰曰」以下十七字。五臣正德本、陳本翰注「後也」下，尚有「望屬車者，望天子來也。塵者，車行之塵也」十六字，奎本以下諸六臣合注本同。《集注》本翰注惟「塵者，車行之塵也」七字。謹案：《集注》本引《鈔》有「天子行有□空脫一字車三十乘」云云，頗疑後人以《鈔》混入翰注，復由

翰注誤入善本爾。毛本獨有此誤，陳校從尤本刪之是也。

三月三日曲水詩序一首　王元長

穆滿八駿，如舞瑤水之陰　注：穆蒲八駿，已見《江賦》。……《毛詩》曰：執轡如組，兩駿如舞。

【陳校】

　　注「穆蒲」。「蒲」，「滿」誤。又，「兩駿」。「駿」，「驂」誤。

【疏證】

　　《集注》本作「滿」、「驂」。奎本、明州本、尤本作「滿」、「驂」。贛本、建本複出《江賦》「想周穆之濟師，驅八駿于電鼉」，注引《列子》「穆王八駿」故事，作「驂」。謹案：但觀正文及五臣良注「穆滿，周穆王也」，可決毛本「蒲」為形近之譌。注引《毛詩》，見《毛詩注疏·鄭風·大叔于田》，正作「驂」字。黃氏《補注杜詩·九成宮》「巡非瑤水遠」注引本序亦作「滿」。毛本亦因形近傳寫致譌，陳校當從《毛詩》、本書內證、尤本等正之。《集注》本「《江賦》」譌作「《海賦》」。

我大齊之握機創歷，誕命建家　注：蕭子顯《齊書》曰：齊太祖高皇帝諱道成，字紹伯，受宋禪。《尚書》曰。

【陳校】

　　注「受宋禪」下，脫「建武《泰山刻石文》：昔在帝堯，聰明密微，讓與舜庶。後裔握機」五句。

【集說】

　　余氏《音義》曰：「握機」。何曰：建武《泰山刻石文》：「昔在帝堯，聰明密微，讓與舜庶。後裔握機。」

　　顧按：此未詳何據。疑本記於其旁，錄時誤認為脫文也。

　　梁氏《旁證》曰：何曰：「握機」二字，本建武《泰山刻石》文云云。

　　姚氏《筆記》曰：「我大齊之握機創歷」。何校有「建武《泰山刻石文》：昔在帝堯，聰明密微，讓與帝舜，後裔握機」數語，似增注文。見《續漢志》。

【疏證】

奎本以下諸六臣合注本、尤本同。《集注》本「受宋禪」下，有「《易通卦驗》曰：遂皇始出，握機矩，曆曆數也」十六字。此釋「握機」辭，《鈔》亦於此辭有注，善注不可缺也。此正可為陳校「有脫文」說之借證。惜陳補未合爾。顧按非是。此處識不及陳。

延喜之玉攸歸　注：《尚書璇璣玉鈴》曰。玄圭出，刻曰延喜之玉。

【陳校】

注「璇璣玉鈴」。「鈴」，「鈐」誤。

【集說】

顧按：《璇璣鈐》，「七緯」三十五篇之一。「玉」字，衍也。

胡氏《考異》曰：注「《尚書璇璣玉鈐》曰」。案：「玉」字不當有，各本皆衍。

梁氏《旁證》曰：胡公《考異》曰云云。

【疏證】

奎本以下諸六臣合注本、尤本悉衍「玉」作「鈐」。《集注》本作「《璇機鈐》」。謹案：《初學記》卷九「延喜」注，作《璇璣鈐》。《玉海》卷八十七：「《尚書琁璣鈐》：天錫禹玄圭，刻曰延喜之玉。」自注：禹功乃成，天錫玄圭。《文選》「延喜之玉攸歸」注引，同上。是王應麟所見《文選》，正作《璇璣鈐》。顧按是。七緯，指《易緯》、《書緯》、《詩緯》、《禮緯》、《樂緯》、《春秋緯》、《孝經緯》七種緯書。毛本當誤從尤、建二本等，陳校仍衍「玉」字。本條亦見《集注》本之可貴，「機」，與「璣」，同。

《度邑》靜鹿丘之歎，遷鼎息大坰之慚　注：《周書·度邑篇》曰：維王克殷，乃永歎曰：……自鹿至于丘中，具明不寢。《周書》丘，或為苑天。

【陳校】

注「丘，或為苑天」。「天」字衍。

【疏證】

奎本以下諸六臣合注本、尤本悉不衍「天」字。《集注》本作「化」、不衍

「天」字。謹案：《逸周書・度邑解》作「丘」。此李善所見或本作「苑」，而有此注。按之上下文義，「天」字固羨。毛本獨衍，陳校當從上下文義、尤本等刪之。《集注》本作「化」，蓋形近「苑」而誤。

定爾固其洪業　注：《劇秦美新》曰：制作六經洪業。

【陳校】

　　注「洪業」。「業」下脫「也」字。

【集說】

　　胡氏《考異》曰：注「制作六經洪業。」陳曰云云。是也，各本皆脫。
　　梁氏《旁證》曰：陳校「業」下添「也」字。各本皆脫。

【疏證】

　　奎本以下諸六臣合注本、尤本悉脫。《集注》本無此注十一字。謹案：楊《賦》載在本書，本有「也」字，本書班孟堅《兩都賦序》「潤色鴻業」注引亦有「也」字。毛本誤從尤、建二本等，陳校當從本書內證補之。

皇帝體膺上聖……設神理以景俗　注：劉義恭《丹徒宮集》曰：昭化景俗，玄教疑神。

【陳校】

　　注「玄教疑神」。「疑」，「凝」誤。

【疏證】

　　奎本以下諸六臣合注本、尤本悉作「凝」。《集注》本作「凝」，「徒」下，復有「丹」字。
　　謹案：「疑」與「凝」通。《銀雀山漢墓竹簡・孫臏兵法・威王問》：「孫子曰：『營而離之……按而止，毋擊疑。』」《荀子・解蔽》：「以可以知人之性，求可以知物之理，而無所疑止之，則沒世窮年不能徧也」楊倞注：「疑，或為凝。」皆其證。然則，毛本不誤。陳校當從尤、建二本等，然疏於通假，失矣。

可與巍巍弗與　注：《論語》：子曰：巍巍乎，舜禹之有天下而不與焉。

【陳校】

　　「可與巍巍」。「與」，「謂」誤。

【疏證】

《集注》本、諸《文選》本咸同。謹案：毛本蓋涉下文而誤，陳校當從贛、尤二本等正之。但觀注，亦可知當作「謂」字。

儲后睿哲在躬　注：蕭子顯《齊書》曰：世祖立皇太子長楸。

【陳校】

注「太子長楸」。「楸」，「懋」誤。

【集說】

余氏《音義》曰：「長楸」。「楸」，何改「懋」。

胡氏《考異》曰：注「世祖立皇太子長楸。」何校「楸」，改「懋」，陳同。各本皆誤。

梁氏《旁證》曰：何校「楸」改「懋」，陳同。按：「楸」，當作「橪」。各本皆以形近而譌耳。

【疏證】

尤本、奎本、明州本、建本誤同。《集注》本、贛本正作「懋」。謹案：語見《南齊書·武帝本紀》：「（建元四年）六月甲申，立皇太子長懋。」「橪」與「懋」通。《說文通訓定聲·孚部》：「橪，叚借為懋。」是其證。「橪」作「楸」，則為形近致譌，梁氏說是。毛本誤從建本等，陳、何校當從贛本、《南齊書》等正之。

道潤金璧　注：《毛詩》曰：如金琢錫，如珪琢璧。

【陳校】

注「如金琢錫，如珪琢璧。」兩「琢」字並「如」誤。

【疏證】

明州本、贛本、尤本、建本兩字並作「如」。奎本無此十一字。《集注》本作「如金如錫，如」，下三字漫漶。謹案：《毛詩》，見《衛風·淇奧》，正作兩「如」字。《北堂書鈔》卷五、《太平御覽》卷三百七十九、卷八百六等引並作兩「如」。據《集注》本等可決奎本脫十一字。毛本兩作「琢」，似誤從上文「琢磨令範」而來，陳校當從《毛詩》、尤本等正之。

來仕允克施之譽　注：《國語》曰：秦后太子來仕……韋昭曰：王仕於晉也。

【陳校】

注「秦后太子」。「太」字衍。又「王仕於晉」。「王」，「來」誤。

【集說】

余氏《音義》曰：「秦后太」。「太」字，何刪。

胡氏《考異》曰：注「秦后太子來仕。」何校云：「太字衍」，又曰：「注王仕於晉也，王，改來。」陳同。是也，各本皆衍誤。

梁氏《旁證》同胡氏《考異》。

【疏證】

奎本以下諸六臣合注本、尤本衍「太」字。贛本獨作「來」，其餘諸本誤「王」。《集注》本無「太」字，作「仕於晉也」。謹案：語見《國語·晉語八》，正無「太」字；韋昭注作「仕於晉」，皆與《集注》本合。本書曹子建《七啟》「是以俊乂來仕」注：「《國語》曰：『秦后［子］來仕。』韋昭曰：『仕於晉也』」，然則，贛本、陳、何作「來」，誤與「王」同，仍為衍字。毛本誤從尤、建二本等，陳、何當以《國語》、本書內證等正「太」字之衍，仍不能知「來」字之為衍也。

引鏡皆明目　注：譙周考史曰：公孫述竊位於蜀，蜀人任永乃託目盲。

【陳校】

注「考史」，當作「《古史考》」。

【集說】

胡氏《考異》曰：注「譙周考史曰。」陳曰云云。是也，各本皆誤。

梁氏《旁證》曰：陳校「考史，改《古史考》。」各本皆誤。

【疏證】

贛本、尤本、建本誤同。奎本良注略同，脫善注。明州本有良注，同奎本，作「善同良注」。謹案：《集注》本作「譙□□□□空脫四字」，凡五字漫漶，有「公孫述」以下云云。以漫漶字數計，與「周《古史考》曰」似合。《隋書·經籍志二》載：「《古史考》二十五卷」注：「晉義陽亭侯譙周撰。」本書陸士

衡《演連珠（臣聞頓綱）》「是以巢箕之叟，不盼丘園之幣，洗渭之民，不發傅巖之夢」注引，正作「譙周《古史考》曰」云云。毛本誤從尤、建二本等，陳校當從《隋志》、本書內證等補正之。

辯氣朔於靈臺　注：鄭玄《毛詩箋》曰：天子有靈臺者，所以觀祲象，察氣之妖祥。

【陳校】

注「祲象」。「祲」，「祲」誤。

【疏證】

《集注》本、奎本以下諸六臣合注本、尤本悉作「祲」。謹案：語見《毛詩注疏·大雅·靈臺》，正作「祲」，《玉海》卷一百六十二引同。本書《東都賦》「登靈臺」注引亦作「祲」。毛本獨因形近而誤，陳校當從《毛詩》、本書內證、尤本等正之。

影搖武猛　注：華嶠《後漢書》曰：丁白為武猛校尉

【陳校】

注「丁白」。「白」，「原」誤。

【集說】

余氏《音義》曰：「丁白」。「白」，何改「原」。

胡氏《考異》曰：注「丁白為武猛校尉。」何校「白」，改「原」，陳同。是也，各本皆誤。范蔚宗《書·何進傳》，有其證矣。

梁氏《旁證》曰：何校「白」，改「原」，陳同。據《後漢書·何進傳》也。各本皆誤。

許氏《筆記》曰：「白」，當作「原」。嘉德案：何校、陳校亦並改「原」。胡曰云云。

【疏證】

《集注》本、諸《文選》本悉同。謹案：范氏《後漢書·何進傳》：「進使武猛都尉丁原燒孟津」，《後漢紀·孝靈皇帝紀》有「進以紹為司隸校尉……乃召武猛都尉丁原、並州刺史董卓將兵向京師」云云、又曰「武猛都尉丁原將河內兵救何氏」云云，《資治通鑑·漢紀·孝靈皇帝下》有「武猛都尉丁原

將數千人寇河內，燒孟津」注：「賢曰：『武猛，謂其有武藝而勇猛。取其嘉名，因以名官』云云，當即其人。善注「校尉」，當作「都尉」，蓋涉上「以紹為司隸校尉」而譌耳。毛本傳寫偶誤，陳、何校當從《後漢書》、尤本等正之。

甌牘相尋　注：甌音軌。《聘禮》曰：賈人啟櫝取圭……《晉中興書》：王禹上言曰：貢篚相尋，連舟載路。

【陳校】

「甌牘相尋」。「牘」，據注當作「櫝」。

【集說】

胡氏《考異》曰：「甌牘相尋。」陳曰云云。案：各本所見皆誤。

梁氏《旁證》曰：五臣「甌牘」作「軌躅」，銑注可證。陳曰云云。

胡氏《箋證》曰：陳氏景雲曰云云。紹煐按：五臣作「軌躅」，蓋由「櫝」轉寫作「韣」，因譌而為「躅」。銑注「軌躅，行跡。萬物貢獻，行跡相尋不息也。」真郢書燕說矣。

許氏《筆記》曰：「甌牘」。依注作「櫝」。櫝，匱也。亦作「匵」，音義同。牘，書版也。不與「櫝」通。

【疏證】

《集注》、尤本同，注則並作「櫝」。奎本、明州本作「軌躅」，校云：善本作「甌牘」。贛本、建本作「牘」，校云：五臣本作「軌躅」。《敦煌・法藏本》第2543頁作「犢」。謹案：《儀禮注疏・聘禮》，正作「櫝」。然「牘」與「櫝」，同由「賣（音欲）」得聲，形近音同，二字得通。其情形正如「版」之與「板」。《集韻・潸韻》「版，補綰切。《說文》：『判也。』或从木。」《玉篇・木部》：「板，片木也。與版同。」並可借證。況且文獻亦有二字相通之直接證據：《全唐詩》卷六百九皮日休《吳中苦雨，因書一百韻寄魯望》詩：「解帙展斷書，拂牀安壞櫝。」「櫝」下注云：「一作牘。」是也。善注實脫「牘，與櫝通」四字耳。陳校、許說等，咸拘泥於書版，以為「牘，不與櫝通」，實非。又，《集韻・紙韻》：「甌，矩鮪切。匣也。」《屋韻》：「牘，徒谷（音欲，下同）切。」故「甌牘」為疊韻聯緜字。善注「甌，音軌」；是「甌牘」與「軌躅」上字音同；《漢書・敘傳上》：「伏周孔之軌躅」顏注：「躅，

音丈欲反」，是下字「牘」與「躅」音亦同，然則，甌牘與軌躅，當是義同體異之疊韻聯緜字。近人朱起鳳《辭通》（卷二十一）以為：「軌躅，作甌牘，形聲相近而訛」，其誤蓋由此也。銑注「軌躅，行跡。萬物貢獻，行跡相尋不息也」，後胡比之「真郢書燕說」。蓋本書「軌躅」字別有四見：左太沖《蜀都賦》「外則軌躅」、《魏都賦》「不覩皇輿之軌躅」、顏延年《赭白馬賦》「窮神行之軌躅」與沈休文《齊故安陸昭王碑文》「軌躅清晏」。五臣大抵以「軌，車也，躅，迹也」、「車馬迹也」釋之，實屬望文生義。而於本條，善注引《晉中興書》「貢篚相尋，連舟載路」云云，銑注「軌躅，行跡」云云，仍其舊說，卻意外與善注上言進貢八字，不謀而合，並是四方進獻貨物，絡繹不絕之義。不同惟在：善着眼於載貢品之篚筐器物，而五臣代之以載貢品之車跡而已，故後胡因興「真郢書燕說」之嘆。五臣「軌躅」，並非臆造，而後胡以「軌躅」字，蓋由「牘」轉寫作「韣」，進而譌為「躅」，以「躅」為非，則大不然矣。此亦不悟「軌躅」與「甌牘」為同義異體之聯綿辭。聯綿辭別體，其辭祇須音同，其形固非一定。後胡與朱氏之失，一也。若以「軌躅」與「甌牘」為別體聯綿辭而考察本條諸說，則非但「躅」字不誤，即後胡言及之「韣」字、法藏本之作「犢」，亦並非譌字。蓋「韣」、「犢」與「牘」、「牘」同在《集韻·屋韻》，同音「徒谷切」。檢《集韻》：「犢、犢：《說文》『牛子也。』或从蜀」；又「韣、韣：弓衣。或作韣」；又「襡、襡：韜也。或作襡。」不難發現：一組組異體字，每組義旁相同，而其聲旁，則並為可置換之「賣」與「蜀」，其體別而義同，亦由此。據此，亦可斷言：五臣「軌躅」字，其必有來歷焉。

銷金罷刃　注：陳琳《應機》曰：治刃銷鋒。

【陳校】

　　注「治」，疑「冶」。

【疏證】

　　《集注》本、奎本以下諸六臣合注本同。尤本作「冶」。謹案：古人俗寫，多見氵、冫不分，尤本正之，是也。文作「銷金罷刃」、《廣弘明集·菩提樹頌》有「鑄刃銷鋒」語，並可為作「冶」之借證。毛本當從建本等，陳校當從尤本正之。

紫脫華，朱英秀　注：《禮斗威儀》曰：人君乘土而王，其政太平，而遠方神，獻其朱英紫脫。宋均注曰：紫脫，北方之物，上值紫宮。凡言常生者，不死也。死則當之。

【陳校】

注「死則當之。」「當」上，脫「主」字。

【疏證】

奎本以下諸六臣合注本、尤本悉有「主」字。謹案：《集注》本「珠英紫脫」下作：「□空脫一字常生。宋均［注］曰：紫脫，北方之物，上值紫宮」，下脫「凡言常生者」至「當之」十二字。考《太平御覽》卷八百七十三引《禮斗威儀》則曰：「君乘土而王，其政太平，則紫脫常生芝。」然則，《集注》本上□空脫一字處，當為「芝」字，此或「芝」、「主」音近而誤耳，故如奎本等作「主」字者，陳校補，亦未穩也。

歷草滋　注：《尚書帝僉驗》曰：舜受命，蓂英孳。

【陳校】

注「帝僉驗」。「僉」，「命」誤。

【疏證】

《集注》本、奎本以下諸六臣合注本、尤本悉作「命」。謹案：《玉海》卷一百九十七引、本書陸佐公《石闕銘》「人祇響附」注引，並作「命」。毛本傳寫因形近而誤。明末孫瑴輯《古微書》緯書有《尚書緯》五卷十二種，卷三為《尚書帝命驗》。陳校不待披本書內證、尤本等，應手可正也。

功既成矣，世既真矣　注：《老子》曰：王侯得一，以為天下真。曹植《魏德論》曰：帝猷成矣，股肱貞矣。

【陳校】

「世既真矣」。「真」，「貞」誤。注同。

【集說】

許氏《筆記》曰：「真」，何改「貞」。嘉德案：茶陵本作「貞」。何校從六臣本及注改，是也。惟注引《老子》「王侯得一，以為天下貞」，今《老子》「貞」作「正」，不同。

【疏證】

奎本以下諸六臣合注本、尤本、《集注》本正文與注並作「貞」。《敦煌‧法藏（白文本）》第 2543 頁、五臣正德本、陳本正文亦同。謹案：《藝文類聚》卷四作「貞」。《文苑英華》卷四十一唐太宗《述聖賦序》亦有「功既」二句，當出本序。「真」、「貞」皆與「正」通。《漢書‧河間獻王傳》：「從民得善書，必為好寫與之，留其真，加金帛賜以招之。」顏注：「真，正也。留其正本。」本書《古詩十九首（今日）》：「令德唱高言，識曲聽其真。」善注：「真，猶正也。」是「真」通「正」之證。「貞」之通「正」，則上許氏舉《老子》是其例。此毛本癖用古字、叚字例。陳校當從尤本等改，然不改也得。

載懷平圃……芳林園者　注：《十洲記》曰：芳林園，在青溪菰首橋東，齊高帝舊宅。

【陳校】

注「《十洲記》」，書名疑有誤。

【集說】

余氏《音義》曰：「《十洲記》曰芳」。何曰：「《十洲記》，書名疑有誤，或是《丹陽記》。」

顧按：此亦《十三州記》耳。

胡氏《考異》曰：注「《十洲記》曰」。何曰云云。陳云：「書名疑有誤。」案：何、陳所校皆未是也。「洲」，當作「州」。

梁氏《旁證》曰：胡公《考異》曰：「洲，當作州。」

姚氏《筆記》曰：何曰云云。按：《丹陽記》不知何人撰。《唐志》有《分吳會丹陽三郡記》。又按：《南朝宮苑記》：「芳林園，一名桃花園，在廢東府城邊秦淮大路北。」見《御覽》一百九十六卷。又：《梁書》：「齊世，青溪宮改為芳林苑，天監初，賜南平王偉為第。」見本傳。

許氏《筆記》曰：何云：「疑是《丹楊記》。」案：疑是《十三州記》。嘉德案：胡曰云云。又：《新亭渚別范零陵詩》注「《十洲記》」，陳云：「東方朔《十洲記》皆記仙山異境，非其他地志之比，安得載丹陽古蹟？況觀「新亭……吳舊亭」語，乃三國以後人所記。書名之誤更易辨也。」胡云：「洲，當作州，善屢引之，必當別有其書。」嘉德考《新亭渚詩》、《新安江水至清詩》、王元長《曲水序》、《王文憲集序》，李氏注皆引「《十洲記》」。公（巽

行）校皆疑闞駰《十三州記》，何氏疑是《丹陽記》，胡氏又疑《十州記》，皆無確證可稽，但可闕疑。而胡氏以「李氏注屢引，必當別有其書」，決為《十州記》，未免肊見。

【疏證】

奎本以下諸六臣合注本、尤本注悉同。《集注》本作「十州記」。謹案：前胡說與《集注》本不謀而合，古文獻徵引《十州記》者甚夥。本書亦有內證，如：曹子建《洛神賦》「秣駟乎芝田」注云：「《十州記》曰：『鍾山仙家耕田種芝草。』」前胡說或是。陳校之疑，不為無因。參上謝玄暉《新亭渚別范零陵詩》「題下注」條。

浸蘭泉於玉砌　　注：張衡《七辨》曰：廻飆拂其浸，蘭泉注其庭。

【陳校】

注「《七辨》」。「辨」，「命」誤。

【集說】

顧按：張衡作「《七辨》」，不誤。

【疏證】

《集注》本、奎本以下諸六臣合注本、尤本悉同。謹案：《後漢書·張衡傳》云：「所著詩賦銘、《七言》、《靈憲》、《應間》、《七辯》、《巡誥》、《懸圖》，凡三十二篇。」本書曹子建《七啟》序曰：「昔枚乘作《七發》、傅毅作《七激》、張衡作《七辯》、崔駰作《七依》，辭各美麗，余有慕焉，遂作《七啟》」、《北堂書鈔》卷一百四十二「三釁七菹」注引「張衡《七辯》云：『玄清白醴』」云云。皆可為佐證。「辨」，與「辯」通。本書曹子建《洛神賦》「華容婀娜」注、丘希範《旦發漁浦潭》「詭怪石異象」注、曹子建《七啟》「紫蘭丹椒」注，皆引有「張衡《七辯》」。毛本當從尤本等，不知陳校緣何不覈本書而妄改。顧按是。

九斿齊軌　　注：文穎曰：甘泉鹵薄，天子出，道輿五乘，斿車九乘。

【陳校】

注「道輿五乘」。「輿」，「車」誤。

【疏證】

　　《集注》本、奎本以下諸六臣合注本、尤本悉作「車」。謹案：文穎注，見《漢書‧司馬相如傳》「前皮軒，後道游」下，正作「車」字，《玉海》卷七十九引《漢書》文穎注、卷八十引《宋‧禮志》、本書《上林賦》「前皮軒，後道游」注引並同。《太平御覽》卷七百七十三引應劭《漢官儀》曰：「甘泉鹵簿，有道車五乘，游車九乘，在輿前。」亦作「輿」。此毛本獨誤，陳校當從《漢書》、本書內證、尤本等正之。

具冑星羅　　注：《毛詩》曰：公徒三萬，具冑朱綬。

【陳校】

　　注「具冑朱綬。」「具」，「貝」誤。注同。

【疏證】

　　《敦煌‧法藏本》作「貝」第 2543 頁。《集注》本、奎本以下諸六臣合注本、尤本並注作「貝」。謹案：《玉海》卷一百五十一作「貝」。《毛詩》，見《魯頌‧閟宮》篇，正作「貝」，《太平御覽》卷三百五十六引《詩》同。本書左太沖《吳都賦》「貝冑象弭」注引《毛詩》亦作「貝」，與彼正文同，又劉逵注：「冑，兜鍪，以貝飾之」作「具冑」，固不辭。毛本獨因傳寫而誤，陳校當從《毛詩》、本書內證、尤本等正之。

信凱讌之在藻，知和樂於食苹　　注：(《毛詩》) 又曰：魚在在藻，有莘其尾。王在在鎬，飲酒樂凱。

【陳校】

　　注「有莘其尾。」「莘」，「莘」誤。

【疏證】

　　奎本以下諸六臣合注本皆脫「又曰」以下十八字。尤本作「莘」。《集注》本作「有頒其尾」。謹案：《毛詩》，見《小雅‧魚藻》，正作「莘」，《記纂淵海》卷九十九引、本書宋玉《高唐賦》「縱縱莘莘」注引並同。毛本從尤本，然傳寫涉下文「食野之苹」而誤。陳校當從《毛詩》、本書內證、尤本等正之。《集注》本既作「頒」，乃因上章錯入，亦譌。

王文憲集序一首　任彥昇

郭璞誓以淮水　注：《王氏家譜》曰：初，王導渡淮，使郭璞筮之。卦郭璞曰：吉。

【陳校】

「誓」，「筮」誤。又注「卦郭」。「郭」，「成」誤。

【集說】

余氏《音義》曰：「卦郭」。「郭」，何改「成」。

孫氏《考異》曰：何云：「誓」，當是「筮」字之誤。

許氏《筆記》曰：「誓」，何改「筮」，依注。嘉德案：注云：「初，王導渡淮，使郭璞筮之，吉。」依注李自作「筮」，各本皆譌。

黃氏《平點》曰：「郭璞誓以淮水」句。據注，「誓」，改「筮」。

【疏證】

奎本、明州本同，然良注「初」上有：「誓，告也」、「使郭璞筮之」作「誓」，而末作：「善同良注」。贛本倒置明州本以善注居前，「初」上，冠主名「《王氏家譜》曰」；削上「誓告也」良注；改「誓」作「筮」，是以善作「筮」也。然末仍云「良同善注」，正文「誓」又漏改。尤本、建本、皆從此出。謹案：《晉書》、《通志·王導傳》並作「筮」。誓、筮音同，《康熙字典·竹部》：「筮，《廣韻》《集韻》《韻會》《正韻》並時制切。音誓。」從「筮」之字，並音「誓」，如：澨、噬、遾等。咸有「要信」義，古或可通假。今按五臣作「誓」，良注可證。善或同，惟注脫「誓，與筮同」一句。毛本當從尤、建二本，陳、何校則從贛本及注文耳，然不改亦得。注「郭」字，贛本、尤本、建本作「成」。奎本、明州本作「善同良注」，而良注無引「《王氏家譜》」，故無此「卦郭」字。毛本傳寫而誤，陳、何校蓋據贛、尤二本正之。

若離窮之止殺　注：《史記》曰：王翦者，潁陽人也。

【陳校】

注「潁陽」。「潁」，「頻」誤。

【集說】

胡氏《考異》曰：注「潁陽人也。」陳曰云云。是也，各本皆訛。

梁氏《旁證》曰：陳校「穎」改「頻」。各本皆誤。

【疏證】

奎本以下諸六臣合注本、尤本誤悉同。謹案：語見《史記‧王翦列傳》，正作「頻」字，《索隱》：「《地理志》：頻陽縣，屬左馮翊。應劭曰：在頻水之陽也。」《通志‧王翦傳》、宋‧章定《名賢氏族言行類稿》卷二十四引同。奎本等因形近而誤，毛本誤從尤、建二本等，陳校當從《史記》正之。

信乃昴宿垂芒，德精降祉　注：《春秋‧佐助明》曰：漢相蕭何，昴星之精。垂芒，謂發秀也。精，星也。《異苑》曰：汝南陳仲弓從諸息姓，詣穎川荀季父子。

【陳校】

注「佐助明」。「明」，「期」誤。又，「荀季父子」。「季」下脫「和」字。

【集說】

余氏《音義》曰：「荀季」。何「季」下，增「和」字。

胡氏《考異》曰：注「垂芒，謂發秀也，精，星也。」袁本無此九字，有「生於豐，通於制度」七字，是也。茶陵本脫此節注。又案：二本此節注在五臣銑注，尤錯入善注中。大誤，當訂正。

梁氏《旁證》曰：注「垂芒，謂發秀也。精，星也」，此九字係銑注，尤本錯入。六臣本無，而有「生於豐，通於制度」七字，是也。

【疏證】

尤本作「期」、有「和」字。奎本以下諸六臣合注本無《春秋‧佐助期》、《異苑》二節。謹案：本條善注引《春秋‧佐助期》、《異苑》二節，奎本已脫，明州本以下諸六臣合注本皆脫。獨袁本有此二節，且為全貌。尤本有此二節，然首節闕「生於豐」七字；復有誤入銑注「垂芒」以下九字。陳仲弓事，見《異苑》卷四，正有「和」字，《藝文類聚》卷一、《太平御覽》卷七、卷四百二引《異苑》同。毛本從尤本，衍、奪同，傳寫「期」誤「明」；「季」下脫「和」，則又踵六臣合注本銑注。誤益甚矣。陳、何校當據尤本、《異苑》等補正。本條在研究《文選》版刻史上有多層意義：凸顯袁本在版本研究中的重要價值。袁本所宗是廣都裴本。本條表明，裴本與明州本同為六家本系統，似並非共源同祖。明州本直接宗祖奎本。裴本則未必，或祗有間接關係。

尤延之可能接觸過裴本或其重刻本。

海上名山之旨 注：范曄《後漢書》曰：荀爽遭黨錮，隱於海上。又遯漢濱，以著述為事。題為《新書》，凡百餘篇。司馬遷《書》曰：僕誠著此書，藏諸名山。

【陳校】

按：《范書·竇章傳》：「時學有稱東觀為道家蓬萊山」章懷注：「謂東觀經多也。蓬萊，海中神山，幽經秘籙皆在焉。」此句注似宜引此。

【疏證】

奎本以下諸六臣本尤本悉同。謹案：此亦陳校論善注之失當。亦以陳說為切。

雲屋大構

【陳校】

「大」，「天」誤。

【疏證】

諸《文選》本咸作「天」。《敦煌·法藏本》第2542頁「其唯神用者乎」下脫「然攬鏡所歸，人倫以表，雲屋天構，匠者何工」十七字。本條及下條，正在其中。謹案：「天」、「雲」相對，自當從「天」字為切。毛本傳寫偶誤，陳校當從尤本等正之。

匠者何

【陳校】

「何」下，脫「工」字。

【集說】

余氏《音義》曰：「何工」。善無「工」字。

胡氏《考異》曰：袁本、茶陵本下有「工」字，云：「善無」。何校添「工」字。陳曰云云。案：此疑各本所見，傳寫脫也。

梁氏《旁證》曰：尤本、毛本脫「工」字。

【疏證】

尤本同。五臣正德本、陳本有「工」字，奎本以下諸六臣合注本同，校云：善本無「工」字。謹案：尤氏《考異》曰：「五臣何下，有（土）〔工〕字。」監本無「工」字，是秀州本所見監本，固脫「工」字，然尤本乃據六臣合注本校語改，並非直接見監本爾。毛本當誤從尤本，陳、何校當從贛本等補之。

蔡公儒林之亞　注：《晉中興書》曰：……時潁川荀顗，字道明。

【陳校】

注「荀顗」。「顗」，當作「闓」。

【集說】

胡氏《考異》曰：注「潁川荀顗」。陳曰云云。是也，各本皆誤。今《晉書·諸葛恢傳》所載，正作「闓」字。

梁氏《旁證》曰：陳校「顗」改「闓」。據《晉書·諸葛恢傳》也。

【疏證】

奎本以下諸六臣本、尤本悉作「顗」。謹案：《太平御覽》卷二百四十三引「《荀氏家傳》曰：闓，字道明。」《北堂書鈔》卷六十九「元帝用道明」注、《藝文類聚》卷十九並作「闓」，同《晉書》。毛本誤從尤、建二本等，陳校當從《晉書》等正之。

（相）〔自〕同資敬　注：《孝經》曰：資於事父以事母，而敬同。

【陳校】

注「以事母，而敬同」。「母」，「君」誤。

【集說】

胡氏《考異》曰：注「以事母而敬同」。茶陵本「母」作「君」，是也。袁本亦誤「母」。

【疏證】

奎本以下諸六臣合注本、尤本悉作「君」。謹案：語見《孝經注疏·士章》，正作「君」，《漢書·韓延壽》引《孝經》、《太平御覽》卷二百六十五引《吳錄》並同。本書張景陽《七命（沖漠公子含華）》「資父之義廢」注、袁彥伯《三國名臣序贊》「敬授既同」注、王仲寶《褚淵碑文》「義在資敬」皆同。毛

本涉《孝經》上文「資於事父以事母而愛同」而誤。陳校當從本書內證、《孝經》、尤本等正之。周鈔「自」譌「相」。已正之。

無待韋弦　注：《韓子》曰：董安于之心緩，故佩弦以自急。

【陳校】

注「董安于之心緩。」「心」，「性」誤。

【集說】

余氏《音義》曰：「心緩」。「心」，何改「性」。

胡氏《考異》曰：注「董安于之心緩。」何校「心」，改「性」，陳同。是也，各本皆誤。

梁氏《旁證》同胡氏《考異》。

許氏《筆記》嘉德案：注「董安于之心緩。」「心」，當作「性」。何校改「性」，各本皆誤。

【疏證】

尤本同。奎本以下諸六臣合注本悉作「性」。謹案：五臣作「性」，向注可證。六臣合注本悉無校語，則善與五臣當無歧出。《文選》本作「性」，即注上文「西門豹性急」，下文「王公平雅之性，無待此韋弦以成也，蓋自天性得中也」，並作「性」，亦足佐證。然考《韓非子·觀行》，作「西門豹之性急，故佩韋以緩己；董安于之心緩，故佩玹以自急」，是《韓非子》實作「心」。又《四六標準》卷五「幕官到任謝丞相」注引亦作「心」。可證尤本改「心」，初非無據。《韓非子》陳其猷校注云：「性既自心生，故此文心緩，即性緩也。」從二字義相近調和之，其說可取。然則，兩存可也。李善所見《選》與《韓非子》不同，尤本固不必改；尤既改，亦不必言其誤矣。毛本蓋從尤本，陳校當據贛本等耳。

有詔：毀廢舊塋

【陳校】

「塋」，「塋」誤。

【疏證】

奎本以下諸六臣合注本、尤本悉作「塋」。《敦煌·法藏本》第 2542 頁作

「塋」。謹案：但觀上下文義，即可知毛本獨因音、形兩近而誤，陳校當從尤本等正之。

刊弘度之四部　注：臧榮緒《晉書》曰：李充，字弘度。……于時典籍混亂，刪除頗重，以類相從。

【陳校】

注「刪除頗重。」「頗」，「煩」誤。

【集說】

胡氏《考異》曰：注「刪除頗重。」陳曰云云。是也，各本皆誤。

【疏證】

明州本、贛本、尤本、建本同。奎本作「煩」。謹案：《晉書·李充傳》作「煩」，李瀚《蒙求集注》卷上「李充四部井春五經」、《太平御覽》卷二百三十四、《冊府元龜》卷六百八同。明州本首因形近而誤，毛本當誤從尤本等。陳校當從《晉書》等正之。

遷尚書左僕射　注：應劭《漢官儀》曰：獻帝建始四年，始置左右僕射。

【陳校】

注「建始」。「始」，「安」誤。

【集說】

孫氏《考異》曰：「安」，毛本譌「始」。見下條

胡氏《考異》曰：注「建始四年」。陳曰云云。是也，各本皆誤。

梁氏《旁證》曰：陳校「始」改「安」。各本皆誤。

【疏證】

贛本、建本同。奎本、明州本省作「善注同（濟）」而濟注無「建始四年」四字，尤本作「安」。謹案：漢獻帝無建始年號，自是「建安」之誤。毛本當誤從建本等，陳校當從史實、尤本等正之。《後漢書·百官志》「尚書僕射」注：「蔡質《漢儀》曰：『臣（劉）昭案：獻帝分置左右僕射。建安四年，以榮邵為尚書左僕射。是也。』」此當陳校所據，參下條。又《宋書·百官志上》：「漢獻帝建安四年，以執金吾榮邵為尚書左僕射、衛臻為右僕射。二僕射分置，自此始也。漢成帝建始四年，初置尚書員四人。」原來贛本之誤，即在將

「初置尚書」與「分置二僕射」之年號相混矣。

自營邰分司 注：應劭《漢官儀》曰：獻帝建安四年，始置左右僕射，以執金吾營邰為左僕射，衛臻為右僕射。今以策劭為營劭，誤也。營，役瓊切；邰，烏合切。

【陳校】

注「今以策劭為營劭，誤也。」據此注，正文中「營劭」二字，似當作「策劭」。按注中「營邰」、「策劭」四字並當作「榮邰」。《後漢書・百官志》及《魏志・賈詡傳》注皆可證。而《晉書》采應劭語，亦作「營邰」，與此注所引不同。古人錄本有互異，未必任公之誤。又《廣韻》「營」、「榮」二字下，有「營邰」無「榮邰」，亦一證也。

【集說】

余氏《音義》曰：注「營邰為」。「營邰」，何改「策邰」。

孫氏《考異》曰：「自營邰分司。」據注云：「應劭《漢官儀》曰：『獻帝建安自注：毛本誤始四年，始置左右僕射，以執金吾營邰為左僕射，衛臻為右僕射。』今以策劭為營邰，誤也。」則正文當作「策劭」，何校改注引《漢官儀》之「營邰」為「策劭」，非是。《廣韻》「營」字注云：「又姓。《風俗通》云：『周成王卿士營伯之後，漢有京兆尹營邰。』」《風俗通》亦應劭所著，則《漢官儀》之為「營邰」可互證也。自注：疑營邰以京兆尹遷執金吾，由執金吾遷左僕射。又案：《續漢書・百官志》作「榮劭」，《晉志》作「榮邰」，字形相近，參差不一，未知孰是。「策」，非姓，疑「策」即「榮」字之譌。

顧按：按注中「營邰」在上文。當備引。

胡氏《考異》曰：「自營邰分司。」案：「營邰」當作「策劭」，注引《漢官儀》「營邰」，而云「今以策劭為營邰，誤也」者，因正文作「策劭」，據應而決其誤也。又云：「營，役瓊切；邰，烏合切」者，為《漢官儀》作音，以明其不得作「策劭」也。袁本、茶陵本作「營邰」，又「營」下有「役瓊」，「邰」下有「烏合」，乃五臣依善注改正文，而移其音於下，合併六家，遂致兩音複沓。茶陵本可覆審。袁刪善、存五臣，益非。又皆於善「策劭」、五臣「營邰」之不同，失著校語，讀者久不復察。惟陳云「據此注，正文中營邰，似當作策劭」者，最是，但亦未知今本乃以五臣亂善耳。陳又云「注中策劭，當作榮邰。《後漢書・百官志》及《魏志・賈詡傳》注皆可證，而

《晉書》采應語，亦作營部，又《廣韻》營、榮二字下有營部，無榮邵，亦一證」云云，其言「策劭」又為「榮邵」之譌，亦頗近之。附出於此。餘所論誤者，不錄。

梁氏《旁證》曰：注「今以策劭為營部，誤也。」陳曰：「據此注，則正文營部二字，似當作策劭」；又曰：「注中策劭，當作榮邵。《後漢書·百官志》及《魏志·賈詡傳》[注]皆可證。」胡公《考異》曰：「注中所云：營，役瓊切；部，烏合切者，為《漢官儀》作音，以明其不得作策劭也。」

姚氏《筆記》曰：注：「以執金吾營部為左僕射。」「營部」，改「策劭」。

許氏《筆記》曰：注「執金吾營部」，何改「策劭」。案：《後書·百官志》劉昭注曰「榮邵」。《晉·職官志》作「榮邵」。嘉德案：據注及諸家考證，正文「營部」當是「策邵」之誤。而注中「執金吾營部」二字，不當改「策劭」。胡曰云云。又案：孫曰云云。諸說辨證甚詳，其「榮邵」之又譌「策邵」說，亦近是。而此應注之作「營部」、正文之作「策邵」自顯然也。疑何氏改正文之「營部」為「策邵」，傳鈔者誤改注中「營部」耳。蓋義門校本未曾鋟板，傳寫多譌。

【疏證】

贛本、尤本、建本正文並注作「營部」。奎本、明州本正文作「營部」，注省作「善注同濟」，濟注亦作「營部」。正德本、陳本正文、濟注並作「部」。《敦煌·法藏本》第 2542 頁作「營部」。謹案：「正文中『營部』，當作『策劭』」、「注中『策劭』，當作『榮邵』」。陳、胡、嘉德說是。毛本當從尤、建二本等。陳校所據當是史志及其注。俞氏《癸巳存稿》卷十二曰：「三十七卷劉越石《勸進表》。段匹磾遣長史榮劭奉表。越石表文，人所誦珍。又營、榮與策，俗體字近。初誤營部為榮劭，則以劉文；繼又俗誤榮劭為策劭。此皆李注以前之誤。或由作者，再由傳寫者，皆有情理可尋求。」嘉德則云：「疑何氏改正文之『營部』為『策邵』，傳鈔者誤改注中『營部』耳」。嘉德說亦不無可能。俞、許兩家論致譌之由，皆足備參考。本條足顯陳氏史家本色，以史校《選》之優勢，實他家難望其項背。「榮邵」，見《後漢書·百官志》「尚書僕射」劉注、《魏志·賈詡傳》「祐護大臣，詡有力焉」裴注。《唐六典》卷一「尚書左丞相一人」注、《白孔六帖》卷七十一「僕射左右」注，並同。「營部」，見《晉書·職官志》「僕射」，《宋書·百官志上·尚書》同。顧按所謂「按注中『營部』在上文，當備引」，蓋針對陳校逕從注「今以策

劤為營劼，誤也」而論也。

歸田息訟　注：《漢書》曰：終不取德爭，延壽乃出聽事。

【陳校】

注「終不取德爭。」「終」下脫「死」字。「取德」，乃「敢復」之誤。

【集說】

姚氏《筆記》曰：注「終不取德爭」，改「終死不敢復爭。」

【疏證】

尤本脫「死」字、作「敢復」。奎本以下諸六臣合注本省作「善同良注」，良注作「終不敢爭田也。」謹案：事見《漢書·韓延壽傳》，正有「死」字、作「敢復」。《通志·韓延壽傳》同，《太平御覽》卷二百六十、《冊府元龜》卷六百七十六引並同。尤本傳寫脫「死」字，毛本蓋從尤本復誤作「取德」字，陳校乃從《漢書》正之。

前郡尹溫太貞、劉貞長　注：臧榮緒《晉書》曰：劉恢，字真長。

【陳校】

「劉貞長」。「貞」，「真」誤。注「劉恢」。「恢」，「惔」誤。

【集說】

余氏《音義》曰：「劉恢」。「恢」，何改「惔」。

許氏《筆記》曰：何改「真長」。又注「劉恢」。「恢」，當作「惔」。並正。嘉德案：袁本、茶陵本作「真」。劉惔，字真長，則作「貞」者，譌也。《晉書》作「劉惔」，各本皆譌「恢」。

【疏證】

《敦煌·法藏本》第2542頁、諸《文選》本正文及注俱作「真長」。奎本以下諸六臣合注本作「恢」，獨尤本作「惔」。謹案：《太平御覽》卷二百二十：「《晉中興書》曰：『劉恢，為中書侍郎……恢，字真長』」，全同奎本等六臣本。《晉書·劉惔傳》云：「劉惔，字真長。」據注引臧《書》亦可判文當作「真」，毛本獨傳寫誤「貞」。毛本作「恢」字，則誤從建本等。陳、何校當據尤本、《晉書》等改正。

千載無爽　注：言其感應，于載不差也。

【陳校】

　　注「于載」。「于」，「千」誤。

【疏證】

　　奎本以下諸六臣合注本、尤本悉作「千」。謹案：毛本因形近獨誤，陳校當從正文、尤本等正之。

皇太子不矜天姿　注：《蜀志》曰：諸葛亮《與杜徽書》曰。

【陳校】

　　注「杜徽」。「徽」，「微」誤。

【集說】

　　余氏《音義》曰：「杜徽」。「徽」，何改「微」。

　　胡氏《考異》曰：注「《與杜徽書》曰。」何校「徽」，改「微」，陳同。是也，各本皆譌。

　　梁氏《旁證》同胡氏《考異》。

　　許氏《筆記》曰：「徽」，當作「微」。嘉德案：《蜀志・杜微傳》：「微，字國輔，梓潼涪人也。」注作「徽」，形似而誤。何、陳校本亦改「微」，是也。

【疏證】

　　奎本以下諸六臣合注本、尤本誤悉同。謹案：《蜀志・杜微傳》曰：「亮以微不聞人語，於坐上與書曰」云云，是固名微也。毛本獨因形近傳寫而誤，陳、何校當從《蜀志》正之。

又領本州太中正

【陳校】

　　「太」，「大」誤。

【疏證】

　　五臣正德本、奎本、明州本、建本誤同。《敦煌・法藏本》第2542頁、五臣陳本、贛本、尤本作「大」。謹案：州大中正，乃魏曹齊王芳時，司馬懿執政，所設官職，南朝齊、梁沿有此職。「大」、「太」古人傳寫多有不分者，建本等涉此誤，毛本誤從之。陳校當從尤本等正之。

公提衡惟允 注：孫綽《王蒙誄》曰：提衡左府

【陳校】

注「王蒙」。「蒙」，「濛」誤。

【集說】

胡氏《考異》曰：注「孫綽《王蒙誄》曰」。陳曰云云。是也，各本皆誤。

梁氏《旁證》曰：陳校「蒙」改「濛」。各本皆誤。

【疏證】

奎本以下諸六臣合注本、尤本悉誤。謹案：王濛，字仲祖。簡文帝輔政，貴幸之，與劉惔號為「入室之賓」。嘗與孫綽商略諸風流人等。《晉書》有傳。《世說新語・言語》「王長史與劉真長別後相見」注引《王長史別傳》曰：「濛，字仲祖。太原晉陽人。」亦作「濛」。毛本當誤從尤、建二本等，陳校當從《晉書》、《世說新語》等正之。

豈直春者不相 注：《史記》：趙良謂商鞅曰：春者不相杵。

【陳校】

注「春者不相杵。」「春」，「舂」誤。

【疏證】

奎本以下諸六臣本、尤本悉作「舂」。謹案：事見《史記・商君列傳》，正作「舂」，《通志・商鞅傳》。《北堂書鈔》卷三十五、《太平御覽》卷二百四引同。本書任彥昇《出郡傳舍哭范僕射》「輟舂哀國均」注、沈休文《齊故安陸昭王碑文》「豈唯僑終蹇謝，興諸輟舂相而已哉」注、任彥昇《齊竟陵文宣王行狀》「豈徒舂人不相」注引亦同。但觀正文，亦可知其譌。毛本獨傳寫誤，陳校無須《史記》、尤本等信手可正之者。

持論從容 注：《風俗通》曰：太尉范滂辨於持論。

【陳校】

注「太尉」下，脫「掾」字。太尉，黃瓊也。

【集說】

胡氏《考異》曰：注「太尉范滂」。陳曰云云。是也，各本皆脫。

梁氏《旁證》曰：陳校「尉」下添「掾」字。各本皆脫。

【疏證】

　　奎本以下諸六臣合注本、尤本悉脫。謹案：「范滂辯於持論」語，見《風俗通·十反》，按文義，不得為太尉，確當有「掾」字。毛本當誤從尤、建二本等。《後漢書·范滂傳》載：「復為太尉黃瓊所辟，後詔三府掾」，《通志·范滂傳》、《冊府元龜》卷六百五十八引並同。此當陳校所從補者焉。

弘長風流　注：檀道鸞《晉陽秋》曰。

【陳校】

　　注「《晉陽秋》」上，脫「續」字。

【集說】

　　胡氏《考異》曰：注「檀道鸞《晉陽秋》曰。」陳曰云云。是也。袁本亦脫，茶陵本「秋」上衍「春」字。
　　梁氏《旁證》曰：陳校「晉」上添「續」字。

【疏證】

　　贛本、尤本脫同。奎本、明州本、建本脫「續」、衍「春」字。謹案：毛本誤從尤本，不能正其脫文，陳校當從《隋書·經籍志二》正之。參上殷仲文《南州桓公九井作》「殷仲文」條。

窮涯而反　注：《莊子》：淮南子曰。

【陳校】

　　注「淮南子」。「淮」，「市」誤。

【集說】

　　余氏《音義》曰：「子淮南」。六臣「子」作「市」。

【疏證】

　　奎本以下諸六臣合注本、尤本悉作「市」。謹案：語見《莊子·山木》，正作「市」。毛本傳寫而誤，陳校當從《莊子》、尤本等正之。

荀摯競爽於晉世　注：《左氏傳》：晏子曰：二惠競爽猶可之。

【陳校】

　　注「競爽猶可」下，衍「之」字。

【疏證】

贛本、尤本無「之」字。奎本、明州本、建本衍。謹案：事見《春秋左傳注疏·昭公三年》「可」下，正無「之」字，《通志·晏子傳》、《冊府元龜》卷七百三十四、《古今事文類聚》後集卷八引並同。毛本當誤從建本等，陳校當從《左傳》、尤本等正之。

罕愛增之情

【陳校】

「增」，「憎」誤。

【集說】

孫氏《考異》曰：「罕（受）〔愛〕憎之情。」「憎」誤「增」。

顧按：「增」，即「憎」字。《墨子》：「帝式是增。」是也。又《答臨溜侯牋》：「歸增其貌」，及《晉語》「懼吾子之應且增也」、《易林》「獨宿增夜。」今本皆為淺人改去。

【疏證】

《敦煌·法藏本》第 2542 頁、俄藏 L.2860 作「憎」。奎本作「憎」，良注同。明州本、贛本、建本作「憎」，獨良注作「增」。尤本作「憎」。五臣正德本作「憎」，良注誤作「僧」。五臣陳本同奎本。謹案：「增」，誠即「憎」字。檢《墨子》引《仲虺之誥》二見，一、《非命下》：「《仲虺之誥》曰：『我聞有夏人矯天命于下，帝式是增，用爽厥師。』」孫氏《閒詁》引江聲云：「增，當讀為憎。」二、上文《非命中》同引《仲虺之誥》，「天命」下有「布命」二字，「增」字則作「惡」字。合觀二條，語意顯豁，足證孫引江說，不如顧案為確切。「增」字，既有《墨子》可憑，當為李善本來面貌，毛本作「增」，復有建本良注可佐證，必有來歷，故當依顧按，陳校不得擅改。

公乘理照物　注：《晉中興書》：謝安石上疏曰：王恭超登清任，當虛心乘理。

【陳校】

注「謝安石」。「安」字，衍。

【集說】

胡氏《考異》曰：注「謝安石上疏曰。」陳曰云云。是也，各本皆衍。

梁氏《旁證》曰：陳校去「安」字。各本皆衍。

【疏證】

奎本以下諸六臣合注本、尤本悉有「安」字。謹案：與王恭同朝有隙者為謝石，非謝安，見《晉書》二家傳。本書注引《晉中興書》，二見載謝石疏。王仲寶《褚淵碑文》「改授朝端」注及任彥昇《齊竟陵文宣王行狀》「敷奏朝端」注，可為借證。毛本誤從尤、建二本等，陳校當從史志、本書內證等正之。

動必研機　注：《周易》曰：夫《易》，所以極深研機。

【陳校】

「機」，「幾」誤。注同。

【集說】

顧按：《釋文》曰：「幾，本或作機。」鄭云：「機，當作幾。」

胡氏《考異》曰：注「所以極深研幾。」袁本「幾」作「機」，是也。茶陵本亦作「幾」，與此同誤。說詳前「踐得二之機」下。

【疏證】

尤本同，注則作「幾」。五臣正德本、陳本皆作「幾」。奎本、明州本並注作「幾」，有校云：善本從「木」。贛本、建本並注作「幾」。無校語。謹案：語見《周易注疏·繫辭上·初六藉用》云：「夫《易》，聖人之所以極深而研幾也。」字作「幾」。注同。音義：「一本作幾，如字。本或作機，鄭云：機，當作幾。幾，微也。」幾與機通，上引《釋文》可證。五臣作「幾」，濟注可證。善作「機」，奎本校語是徵。既然五臣與善有歧異，故作「機」，不誤。注同，蓋善所見本《周易》作「機」。不取鄭《箋》，即是明證。上前胡所謂「踐得二之機」下，實為該句注「知幾其神乎」下，《考異》有案曰：「幾，當作機。及下文『動必研機』注同。正文袁本皆有校語云：『善從木。』此注各本皆作幾，必並五臣於善而誤也。考善機、五臣幾，袁、茶陵二本於《為石仲容與孫皓書》、《檄蜀文》已有校語，可證。《周易·繫辭上》『研幾』，《釋文》云：『幾，如字。本或作機』，鄭云：『機，當作幾。幾，微也。』依善所引《下繫》，本

或作『知機』、『見機』、『庶機』，但不盡見《釋文》也。茶陵本此及下正文作
幾，無校語，以五臣亂善甚明，不獨此注誤其字也。」前胡二校，可印證筆者
「善見本為機」之說。毛本文及注獨正，陳校非也。此亦可見毛本亦有參考
價值，不可輕廢。

鄭璞踰於周寶　注：《戰國策》：應侯曰：鄭人謂玉之未理者為璞，周人
為鼠之未腊者為璞。

【陳校】

注「周人為鼠」。「為」，「謂」誤。

【集說】

余氏《音義》曰：「周人為」。「為」，何改「謂」。

【疏證】

奎本以下諸六臣合注本、尤本悉作「謂」。謹案：語見《戰國策·秦策三》，
字正作「謂」。此陳校所從。雖上文「謂」，此作「為」，且「為」與「謂」又
通，故視作修辭意義上之互文亦得。然畢竟是毛本好用古、俗字之累，陳、何
改之為勝。

士感知己，懷此（河）〔何〕極　注：曹植《祭橋玄文》曰：士死知己，
懷此無忘。

【陳校】

按《祭喬公文》乃魏武事。在建安七年，子建時方十歲。

【集說】

葉刻：何引少章云：「此是魏武《祭橋公文》，而李注以為子建。此事在
建安七年，子建方十歲，未必即有視草之命。當是注誤。」

余氏《音義》曰：何引少章云：「此是魏武《祭橋公文》。注誤。」

汪氏《權輿》曰：「曹植《祭橋玄文》」注：志祖案：「見《王文憲集序》
注。何云：『此是魏武《祭橋公文》。注誤。』」見《注引群書目錄》

胡氏《考異》曰：注「曹植《祭橋元文》曰。」陳曰云云。案：蓋本作
「魏太祖」，不知者改作「曹植」耳。

張氏《膠言》曰：何氏曰云云。雲璈按：《魏志·陳思王傳》：「年十餘歲，

已善屬文。」則十歲或已能文。當日命其代作，亦未可定。惟《魏志》、本集皆不載，故何氏以為疑耳。

梁氏《旁證》曰：陳校云云。胡公《考異》曰云云。

姚氏《筆記》曰：陳少章云：「此魏武《祭橋公》文。注誤。」

【疏證】

奎本以下諸六臣合注本、尤本同。謹案：「士死」二語，見《後漢書·橋玄傳》，正為曹操文，《通志·橋元傳》、《水經注》卷二十四「東過睢陽縣南」引同。本書石季倫《思歸引序》「逸篤好林藪」注作「魏太祖《祭喬玄文》」，可為前胡說之借證。毛本當誤從尤、建二本等，陳、何校是。《膠言》強為之辭，非也。周鈔「何」譌「河」，已正之。

出入禮闈　注：《十洲記》曰：崇禮闈，即尚書上省門。崇禮東，建禮門，即尚書下舍門。

【陳校】

注「《十洲記》」三字疑誤。又「崇禮闈」。「闈」，當作「門」。

【集說】

顧按：此亦《十三州記》也。

胡氏《考異》曰：注「《十州記》曰崇禮闈。」陳曰云云。案：「《十州記》」，非誤也，見前。

梁氏《旁證》曰：毛本「州」誤作「洲」，「闈」，當作「門」。

【疏證】

奎本同外，明州以下諸六臣合注本、尤本悉作「州」。上諸本悉誤作「闈」。謹案：前胡說作「州」是，已見上王元長《三月三日曲水詩序》「芳林園者」條。言「闈」之誤，蓋崇禮、建禮皆門名，但據注上下文可決焉。張氏《龍筋鳳髓判·尚書都省》「蕭蕭禮闈」下，明·劉允鵬注云：「任昉《王文憲集序》：『出入禮闈』李善注云：『崇禮門，即尚書上省門。建禮門，即尚書下舍門。尚書省二門名禮，故曰禮闈』云云，可證。劉所見當別本《文選》。或奎本傳寫涉正文而誤，諸本襲之，毛本則誤從尤、建二本等。陳校當從上下文正之。

瞻棟宇而興慕 注：《孫卿子》：孔子謂哀公曰：吾入廟，仰視榱棟，俛見几筵。君以此思哀，則哀將焉而不至矣。

【陳校】

注「吾入廟」。「吾」，「君」誤。

【集說】

胡氏《考異》曰：注「吾入廟。」陳曰云云。是也，各本皆譌。

梁氏《旁證》曰：陳校「吾」改「君」。各本皆誤。

【疏證】

奎本以下諸六臣合注本、尤本誤悉同。謹案：事見《荀子·宥坐篇》，正作「君」字，《新序·雜事》亦作「君」。本書任彥昇《上蕭太傅固辭奪禮啟》「几筵之慕」注引同。又，陸士衡《弔魏武帝文》「物無微而不存」注引《家語》亦同，作「君」字。今但觀上下文義，固當作「君」字。毛本當誤從尤、建二本等，陳校當從上下文義、本書內證等正之。

思以薄技效德 注：《淮南子》曰：臣有薄技，願而行之。

【陳校】

注「願而行之」。「而」，「為」誤。

【集說】

胡氏《考異》曰：注「願而行之。」陳曰云云。案：所引《道應訓》文，今本作「為君」二字，各本皆誤。

【疏證】

明州本、贛本、尤本、建本悉同。奎本作「以」。謹案：誠如前胡言，今本《淮南子·道應訓》正作「為君」，《蜀志·郤正傳》「楚客潛寇以保荊」裴注、《太平御覽》卷四百七十五引《淮南子》同，《冊府元龜》卷四百二十二亦作「為君」。然李善所見當如奎本。前胡說，尚未為穩。尤本誤從明、贛二本，毛本當從尤本等。惜陳校改從一字，未確。